化学类课程
思政教学设计

焦琳娟　郭会时　主编

HUAXUELEI
KECHENG
SIZHENG JIAOXUE
SHEJI

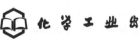

化学工业出版社

·北京·

内容简介

本书以习近平新时代中国特色社会主义思想为指导，以培养德才兼备的高素质人才为宗旨，以广东省课程思政示范课程、韶关学院优秀课程为依托，创建了"线上线下融合式"课程思政教学模式，形成了课程思政教学改革与研究的典型教学设计。

本书涵盖了无机化学、有机化学、物理化学、分析化学、分析化学实验 5 门基础化学类课程思政教学设计。每个教学设计在遵循教育规律的前提下，从课前准备、课中讲解、课后巩固中充分挖掘思政元素。思政元素主要包括家国情怀、专业自信、职业道德、科学思维、科学精神、历史使命、正确的三观、哲学思想等。书中每一个课程思政教学设计都以文字加图的形式阐述，让教师能真正感受教学过程中的思政元素，并能在课堂上灵活使用。本书适合作为高等院校化学、化工、农业、生物、食品、医学、环境等专业的基础化学类课程思政改革参考用书，也可为高等院校其他专业开展课程思政建设提供借鉴。

图书在版编目（CIP）数据

化学类课程思政教学设计 / 焦琳娟，郭会时主编．
北京：化学工业出版社，2024.8．— （高等学校教材）．
ISBN 978-7-122-45791-2

Ⅰ．G641

中国国家版本馆 CIP 数据核字第 2024QV8412 号

责任编辑：汪　靓　宋林青　　文字编辑：陈　雨
责任校对：李雨函　　　　　　装帧设计：史利平

出版发行：化学工业出版社
　　　　（北京市东城区青年湖南街 13 号　邮政编码 100011）
印　　装：北京科印技术咨询服务有限公司数码印刷分部
787mm×1092mm　1/16　印张 11½　字数 280 千字
2024 年 10 月北京第 1 版第 1 次印刷

购书咨询：010-64518888　　　售后服务：010-64518899
网　　址：http://www.cip.com.cn
凡购买本书，如有缺损质量问题，本社销售中心负责调换。

定　　价：45.00 元　　　　　　　版权所有　违者必究

《化学类课程思政教学设计》编写组

主　　编　　焦琳娟　郭会时
副 主 编　　丘秀珍　余　静　徐先燕　黄冬兰
　　　　　　莫云燕　王小兵
编写人员
　　　　　　焦琳娟　郭会时　丘秀珍　余　静
　　　　　　徐先燕　黄冬兰　莫云燕　王小兵
　　　　　　万嵝升　于慧敏　刘宏文　罗人仕
　　　　　　袁　俊　焦　婧　陶春瑶

前 言

2016年12月，习近平总书记在全国高校思想政治工作会议上指出，要用好课堂教学这个主渠道，思想政治理论课要坚持在改进中加强，提升思想政治教育亲和力和针对性，满足学生成长发展需求和期待，其他各门课都要守好一段渠、种好责任田，使各类课程与思想政治理论课同向同行，形成协同效应。教育部随后也相继制定出台了《高校思想政治工作质量提升工程实施纲要》《关于深化本科教育教学改革全面提高人才培养质量的意见》《高等学校课程思政建设指导纲要》等文件，这些都为高校扎实推进课程思政工作指明了方向，明确了要求，奠定了基础。

无机化学、有机化学、分析化学、物理化学等是高校化学、化工、农业、生物、食品、医学、环境等专业的基础化学类课程，具有涉及面广、课时多、重视度高的特点，在基础化学类课程中开展课程思政工作是高校课程思政建设实现全覆盖、高质量的必然要求。与此同时，基础化学类课程具有专业性强、内容多、难度高、较抽象的特点，这些特点给教学带来相当程度的困难和挑战，而解决好化学知识传授和价值引领的融合问题，对高校课程思政建设具有重要的示范作用。作为贯穿大一和大二阶段的基础化学类课程，其课程思政工作不仅是高校课程思政的重要组成部分，更是"全过程"育人的开篇阶段和发展阶段。

《化学类课程思政教学设计》就是出于课程思政建设的紧迫感应时而生的一本教辅书。本书中的45个课程思政教学设计是韶关学院化学专业教师在课程思政教学上的初步探索与实践，覆盖了无机化学、有机化学、分析化学、物理化学、分析化学实验5门课程中的重要知识点。每个教学设计包含四方面内容：一是教学目标，从知识目标、能力目标和思政目标明确具体要求，指明每个教学设计的建设思路和建设方向；二是教学素材，列举了设计中主要使用的思政素材，如图片、视频、新闻报道等；三是课程思政设计思路，从课前、课中、课后三方面详细描述思政元素融合的专业知识点及融合方式，并辅以设计思路图；四是具体教学设计，围绕教学环节、重要的专业知识点阐述教学动态，凸显知识传授与价值引领的结合。由于编写该教学设计集的主要目的是体现思政元素的设计，因此在具体教学设计中没有展现课堂的所有教学内容。

本书编写贯穿了"典、专、浅"原则。"典"是指典型，在教学设计的选择方面，选择与课程思政有关的典型案例，便于同行一起参考。"专"是指专业，体现基础化学类课程的专业内容，将课程内容与课程思政相结合。"浅"是指教学设计内容深入浅出。文字与图的结合，通俗易懂，能够让教师在较短时间内充分理解课程基本内容与思政元素的融合思路以及教学手段、教学模式等。

本书系韶关学院化学与土木工程学院"课程思政"教育教学改革阶段性成果，为集体智慧结晶。全书由焦琳娟、郭会时担任主编，负责确定写作思路和框架，审定教学设计和全书统稿工作；由丘秀珍、余静、徐先燕、黄冬兰、莫云燕、王小兵担任副主编，负责制定教学设计写作范式，选辑、审核教学设计。具体分工如下：郭会时（内容简介、前言）；焦琳娟（有机化学课程思政教学设计中的案例6和分析化学课程思政教学设计中的案例1~6）；丘秀珍（分析化学课程思政教学设计中的案例7~10）；余静、陶春瑶（无机化学课程思政教学设计）；黄冬兰（分析化学实验课程思政教学设计）；徐先燕、王小兵（物理化学课程思政教学设计）；莫云燕、万嶂升、于慧敏、刘宏文、罗人仕、袁俊、焦婧等（有机化学课程思政教学设计，案例6除外）。

本书编撰期间，得到了韶关学院教务部的大力支持以及广东省高校课程思政建设项目、广东省高校质量工程建设项目、韶关学院课程思政建设项目的资助，在此深表谢意！

鉴于本书是基于韶关学院化学与土木工程学院"课程思政"改革创新实践的初步教学经验成果首次编写而成，加之编者水平有限，书中难免有一些不成熟的思想及不足之处，还望广大同仁和读者批评指正。

编者
2023 年 12 月

目 录

001 ┼ 第 1 章　无机化学课程思政教学设计

案例 1　理想气体状态方程　// 002
案例 2　标准平衡常数的应用　// 006
案例 3　缓冲溶液　// 009
案例 4　沉淀反应　// 013
案例 5　原电池的构造　// 017
案例 6　核外电子的排布　// 021
案例 7　离子晶体　// 025
案例 8　氧及其化合物　// 029
案例 9　卤素单质　// 033
案例 10　铜族单质　// 037

041 ┼ 第 2 章　有机化学课程思政教学设计

案例 1　杂化轨道理论与分子极性　// 042
案例 2　外消旋体的拆分与不对称合成　// 046
案例 3　芳香烃的亲电取代反应　// 050
案例 4　卤代烃　// 054
案例 5　苯酚　// 059
案例 6　醚　// 063
案例 7　醛和酮的化学性质　// 067
案例 8　生物碱　// 071
案例 9　萜类化合物　// 074
案例 10　多肽和蛋白质　// 078

082 ┼ 第 3 章　分析化学课程思政教学设计

案例 1　分析化学的定义、任务和作用　// 083
案例 2　滴定分析法引论　// 087

案例 3　酸碱质子理论　// 092
案例 4　重铬酸钾法　// 096
案例 5　沉淀滴定法　// 100
案例 6　吸光光度法　// 105
案例 7　分子荧光分析法　// 109
案例 8　原子发射光谱法　// 113
案例 9　气相色谱法　// 117
案例 10　液相色谱法　// 121

124 ┼ 第 4 章　物理化学课程思政教学设计

案例 1　电化学中的基本概念和电解定律　// 125
案例 2　电解质溶液的电导　// 128
案例 3　表面张力及表面 Gibbs 自由能——生活中的表（界）面现象　// 131
案例 4　光化学反应——碳中和下的光解水制氢　// 134
案例 5　溶胶的电学性质、双电层理论和 ζ 电势　// 137
案例 6　水的相图　// 140
案例 7　热力学基本方程　// 143
案例 8　热力学第一定律　// 146
案例 9　熵　// 149
案例 10　热力学第三定律　// 152

155 ┼ 第 5 章　分析化学实验课程思政教学设计

案例 1　NaOH 溶液的标定和食用白醋总酸度测定　// 156
案例 2　HCl 溶液的标定和混合碱各组分含量测定　// 160
案例 3　EDTA 溶液的标定和自来水总硬度测定　// 164
案例 4　$SnCl_2$-$TiCl_3$-$K_2Cr_2O_7$ 法测定铁矿石中总铁含量　// 168
案例 5　高碘酸钠分光光度法测定钢铁中微量锰　// 172

第 1 章
无机化学课程思政教学设计

- 案例 1 ▸ 理想气体状态方程
- 案例 2 ▸ 标准平衡常数的应用
- 案例 3 ▸ 缓冲溶液
- 案例 4 ▸ 沉淀反应
- 案例 5 ▸ 原电池的构造
- 案例 6 ▸ 核外电子的排布
- 案例 7 ▸ 离子晶体
- 案例 8 ▸ 氧及其化合物
- 案例 9 ▸ 卤素单质
- 案例 10 ▸ 铜族单质

案例 1
理想气体状态方程

1. 教学目标

（1）能推导理想气体状态方程。
（2）能推导道尔顿分压定律。

（1）会用理想气体状态方程解决实际问题。
（2）会用道尔顿分压定律解决实际问题。

思政目标

（1）培养坚毅、锲而不舍的科学精神。
（2）感悟化学魅力，培养专业自豪感。
（3）培养逻辑、严谨的科学思维。
（4）联系实际，学以致用。

2. 教学素材

（1）图片：西藏风景、浴霸、气球等。
（2）人物报道：波义尔、查理、阿伏伽德罗、约翰·道尔顿等科学家的生平简介。

3. 课程思政设计思路

如图 1-1 所示，课前，教师在学习通布置任务，要求学生查阅波义尔、查理、阿伏伽德罗、约翰·道尔顿 4 位科学家的生平，为课中学习做准备。

课中，教师展示西藏美丽风景图，提出：什么是高山病？高山病产生的原因是什么？在创设情境中导入新课。随后重点介绍理想气体状态方程和道尔顿分压定律，在师生互动推导理想气体状态方程和道尔顿分压定律的公式时，融合介绍波义尔、查理、阿伏伽德罗等科学家锲而不舍、勇攀高峰、敢为人先的科学精神。在结合生活中的实例，内化理想气体状态方程和道尔顿分压定律知识点的同时，让学生感悟到化学在生活中的魅力，学以致用，增强学生专业自豪感。

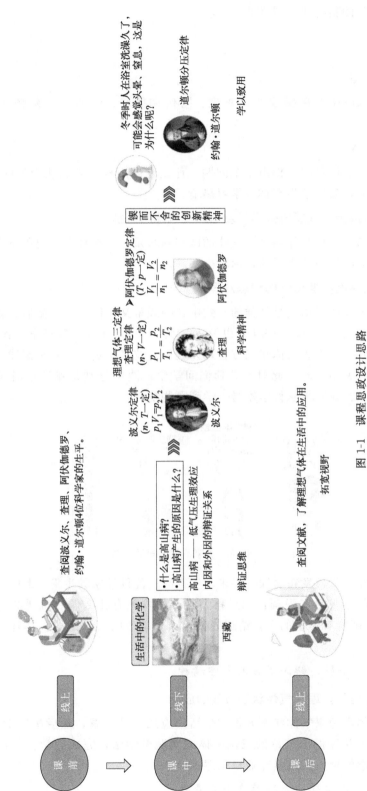

图1-1 课程思政设计思路

课后，发布文献阅读，在拓宽学生专业视野的同时，让学生切身体会到"绿色引领创新，科技改变未来"的新时代发展理念。

4. 具体教学设计

【活动一】 课前准备

布置任务，要求学生查阅波义尔、查理、阿伏伽德罗、约翰·道尔顿 4 位科学家的生平。

【活动二】 新课导入

教师展示西藏美丽风景图，提出 2 个问题：什么是高山病？高山病产生的原因是什么？创设情境，设置疑问，激发学生兴趣与学习热情。

【活动三】 知识点讲授：理想气体定义及与真实气体的区别

学生自学，总结出理想气体与真实气体的区别和联系。那么什么情况下真实气体可以近似看成理想气体？教师发布选人活动，由学生回答。

【活动四】 知识点讲授：理想气体状态方程

理想气体状态方程的表达式是怎样的？式中各物理量又有何含义？随后，教师开始介绍理想气体状态方程的表达式 $pV=nRT$，以及 p、V、n、R、T 5 个物理量的含义。紧接着，教师介绍在不同条件下，理想气体状态方程可以表示为波义尔定律、查理定律、阿伏伽德罗定律中的其中一种（见图 1-2）。此时，教师询问学生：图中分别是哪三位科学家？他们做出了哪些卓越的贡献？我们能从科学家身上学到哪些精神？

图 1-2 弘扬科学家精神之思政元素

课前，教师已在学习通发布通知，要求学生查阅三位科学家的生平。此时，教师在简单介绍这三位科学家的生平后，强调：如果科学领域的发现有什么偶然机遇的话，那么这种"偶然机遇"只能给那些有准备的人，给那些善于独立思考的人，给那些具有锲而不舍精神的人。

思政元素：培养坚毅、锲而不舍的科学精神。

【活动五】 知识点内化：理想气体状态方程的应用

教师发布 2 道体现理想气体状态方程在生活中应用的计算题，然后按照学生分组讨论、推选代表讲解、师生共评得出结论的三位一体式例题教学法，完成教学任务，同时借助例题，让学生感悟化学的魅力，培养专业自豪感。

思政元素：感悟化学魅力，培养专业自豪感。

【活动六】 知识点升华：理想气体状态方程的应用

结合例题，教师总结理想气体状态方程的 3 种应用：(1) 计算 p、V、T、n 中的任一物理量。(2) 计算气体的密度（ρ）。(3) 计算气体摩尔质量（M）。

在教师演示如何通过理想气体状态方程得到气体密度（ρ）的计算公式后，要求学生尝试推导气体摩尔质量（M）的公式，以此培养学生思维的逻辑性和严谨性。

思政元素：培养逻辑、严谨的科学思维。

【活动七】 知识点讲授：道尔顿分压定律

教师抛出问题：冬季时人在浴室洗澡久了，可能会感觉头晕、窒息，这是为什么呢？

学生好奇心被激发后，教师引出约翰·道尔顿分压定律 $p_B V = n_B RT$，在介绍分压定律中有关组分气体、分压、分压定律含义后，教师引导学生通过类比分析的方法推导分压定律的 3 种表达形式。

思政元素：培养类比分析的科学思维。

【活动八】 知识点内化：道尔顿分压定律

教师讲解例题，通过例题让学生理解分压定律在生活中的重要应用。此时，教师询问学生：你知道近代化学之父是谁吗？在询问一位学生后，教师强调道尔顿一生的重要贡献除提出分压定律外，还有创立原子学说。

思政元素：学习科学家勇攀高峰、敢为人先的创新精神。

【活动九】 问题解决：为什么冬季人在浴室洗澡久了，会感觉头晕、窒息。

教师给出冬季浴室内外空气中各组分分压变化表，然后要求学生讨论并给出解决问题的答案：适当地通风透气，水温不宜过高，时间不宜过久。

思政元素：联系实际，学以致用。

【活动十】 知识小结，布置作业

总结本节知识点，同时布置作业：

(1) 完成孟长功主编的《无机化学》（第六版），P25 第 10 题。

(2) 查阅文献，了解理想气体在生活中的应用。

[1] 张浩楠，康宁波，何建国，等. 基于理想气体状态方程和道尔顿分压定律的气调包装气体混配系统 [J]. 食品与机械，2022，38（2）：97-103.

思政元素：绿色引领创新，科技改变未来。

案例 2
标准平衡常数的应用

1. 教学目标

知识目标
（1）能概述化学平衡常数、反应商和平衡转化率的定义。
（2）能推导出反应商判据公式。

能力目标
（1）会用反应商判据公式预测反应方向。
（2）会利用标准平衡常数判断反应程度。

思政目标
（1）培养辩证的科学思维能力。
（2）培养勤于思考、善于思考的科学精神。
（3）知行合一，学以致用。
（4）培养绿色环保的职业精神。

2. 教学素材
（1）图片：酒精测试仪、洗涤衣服等。
（2）文献：化学平衡在生活中的应用。

3. 课程思政设计思路

如图 1-3 所示，课前，教师在学习通布置任务，要求学生查阅化学平衡在社会发展中的具体应用案例，为课中学习做准备。

课中，教师展示酒精测试仪等，在创设情境中导入新课——化学平衡常数的应用。随后重点介绍标准平衡常数在预测反应方向和判断反应程度两方面的应用，在师生互动中推导出 J、$K^{\ominus}$ 及 $\Delta_r G_m$ 三者间的关系式，培养学生辩证的科学思维能力。再结合生活中的实例，内化标准平衡常数应用于判断反应程度，让学生感悟到化学在生活中的魅力。

课后，发布文献阅读，拓宽学生专业视野，让同学们切身体会到"推动绿色发展，促进人与自然和谐共生"的新时代理念。

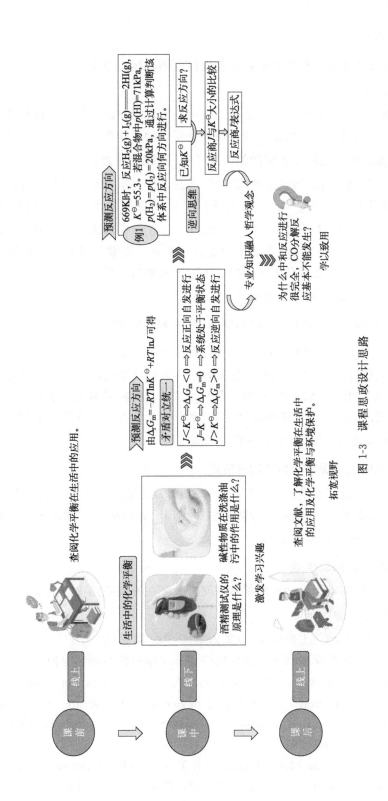

图 1-3 课程思政设计思路

4. 具体教学设计

【活动一】 课前准备

布置任务,要求学生查阅化学平衡在社会发展中的具体应用案例。

【活动二】 新课导入

教师展示化学平衡在生活中的应用案例,提出问题:酒精测试仪的原理是什么?碱性物质在洗涤油污中的作用是什么?创设情境,设置疑问,激发学生兴趣与学习热情。

【活动三】 知识点讲授:标准平衡常数的应用1——预测反应方向

"利用范特霍夫等温式可以解决哪些问题?"通过设问,引导学生复习旧知识——范特霍夫等温式,接着教师总结 $\Delta_r G_m^{\ominus}$ 与 K 的关系,引导学生推导出计算 K 的公式。"通过 $\Delta_r G_m = RT\ln(J/K^{\ominus})$,可以得到 J、$K^{\ominus}$ 及 $\Delta_r G_m$ 三者怎样的关系?"组织学生分组讨论后,教师开始介绍 J、$K^{\ominus}$ 及 $\Delta_r G_m$ 三者的对立统一关系,即非标准态下化学反应进行方向的判据,并结合课堂练习,教会学生用逆向思维的方式解决问题。

思政元素:培养辩证的科学思维能力。

【活动四】 知识点讲授:标准平衡常数的应用2——判断反应程度

"是否可以直接由 $\Delta_r G_m^{\ominus}$ 粗略估计在任意状态下反应自发进行的方向呢?标准平衡常数除了可以用来判断反应能否自发进行外,还能表示什么?反应进行的程度除了可以用标准平衡常数表示外,还可以用什么表示?"在抛出系列问题后,教师讲解反应限度的定义,总结出 $K^{\ominus}$ 与反应进行程度的关系。在环环相扣的引导式教学中,培养学生多角度分析问题的能力。

思政元素:勤于思考、善于思考的科学精神。

【活动五】 知识点内化:标准平衡常数的应用

以翻转课堂的教学模式组织学生学习2道标准平衡常数在生活中应用的例题。通过小组讨论、代表讲解、互问互答、教师点评及总结,帮助学生内化知识,同时培养学生的合作探究能力。

思政元素:知行合一,学以致用。

【活动六】 随堂练习,知识小结

发布随堂练习,检测学生对知识的掌握程度,教师在答疑解惑中总结本节知识点。

【活动七】 布置作业,思政延伸

(1) 完成孟长功主编的《无机化学》(第六版),P89 第4题。

(2) 查阅文献,了解化学平衡在生活中的应用;化学平衡与环境保护。

[1] Kajornklin P, Jarujamrus P, Phanphon P, et al. Fabricating a low-cost, simple, screen printed paper towel-based experimental device to demonstrate the factors affecting chemical equilibrium and chemical equilibrium constant, K_c [J]. Journal of Chemical Education, 2020, 97 (7): 1984-1991.

[2] Mark L O, Cendejas M C, Hermans I. The use of heterogeneous catalysis in the chemical valorization of plastic waste [J]. ChemSusChem, 2020, 13 (22): 202001905.

思政元素:推动绿色发展,促进人与自然和谐共生。

案例 3
缓冲溶液

1. 教学目标

知识目标
（1）能阐述缓冲溶液的概念和缓冲作用原理。
（2）能准确计算缓冲溶液的 pH 值。

能力目标
（1）会用缓冲作用原理解决实际问题。
（2）会用缓冲溶液的配制方法配制缓冲溶液。

思政目标
（1）培养求真务实、学以致用的科学精神。
（2）树立定性、定量的科学探究思维。
（3）树立正确的人生观。

2. 教学素材

（1）报道：酸碱体质理论。
（2）实验：缓冲溶液的手持技术实验。

3. 课程思政设计思路

如图 1-4 所示，课前，教师在学习通布置任务，要求学生了解人体"酸碱体质理论"是伪科学，为课中学习做准备。

课中，教师展示人体血液、小肠液、胃液等 pH 范围图片，提出 2 个问题：人们每天都会吃很多具有不同酸碱度的食物，为什么正常人血液的 pH 值始终维持在 7.35～7.45？人体血液的 pH 值是如何维持在 7.35～7.45 的？在创设情境中导入新课。接着展示罗伯特·欧·杨的"酸碱体质理论"，提出：酸碱体质理论是否正确？通过资料卡片，讲述"酸碱体质理论"是伪科学，培养学生求真务实的科学精神。随后重点介绍缓冲溶液的概念、组成、作用原理和 pH 计算，在讲解缓冲溶液概念时，引入手持技术实验，培养学生树立定性、定量的科学探究思维。在讲解缓冲溶液缓冲作用原理时，融入抗挫折能力教育，培养学生乐观

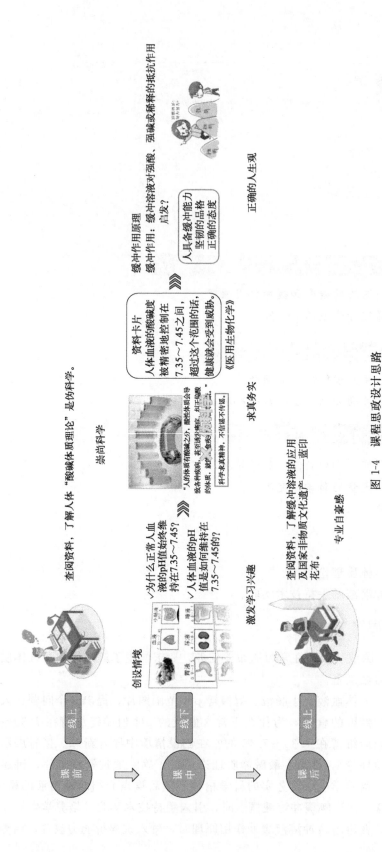

图 1-4 课程思政设计思路

的人生态度。

课后，发布文献阅读，在拓宽学生专业视野的同时，让学生切身体会到缓冲溶液学习的重要性，培养专业自豪感。

4. 具体教学设计

【活动一】 课前准备

发布任务，要求学生了解人体"酸碱体质理论"是伪科学。

思政元素：崇尚科学。

【活动二】 课程导入

教师展示人体血液、小肠液、胃液等 pH 范围图片，紧接着提出 2 个问题：人们每天都会吃很多具有不同酸碱度的食物，但正常人血液的 pH 值始终维持在 7.35～7.45，人体是怎样使血液的 pH 值维持在这样一个狭窄的范围内呢？在创设情境中导入新课。随后结合图 1-5 中的资料卡片，引导学生认识到罗伯特·欧·杨的人体"酸碱体质理论"是伪科学，教育学生要相信科学，不能信谣造谣。

图 1-5 崇尚科学，打击伪科学

思政元素：培养求真务实的科学精神。

【活动三】 探究实验：缓冲溶液的概念

指导学生按照图 1-6 所示进行手持技术实验，要求学生严谨细致，操作规范，正确记录数据。实验结束后，通过对比实验数据，让学生直观地认识到在 HAc-NaAc 缓冲溶液中加入少量的强酸或强碱，不会改变溶液的 pH 值，由此得到缓冲溶液的概念。

思政元素：树立定性、定量的科学探究思维。

【活动四】 知识点讲授：缓冲溶液的组成

教师结合实验中使用的 HAc-NaAc 溶液，再列举 NH_3-NH_4Cl、NaH_2PO_4-Na_2HPO_4 等溶液，讲授缓冲溶液的组成（弱酸-弱酸盐溶液、弱碱-弱碱盐溶液、多元弱酸的酸式盐及其对应的次级盐溶液），并从酸碱质子理论的角度分析得到缓冲溶液表达通式：HA-A^-。

【活动五】 知识点讲授：缓冲溶液的作用原理

教师精讲"为什么在 HAc-NaAc 溶液中加入少量强酸或强碱，不会改变溶液的 pH 值？"，接着让学生分组讨论"在 NH_3-NH_4Cl 溶液中加入少量强酸、强碱后溶液 pH 值如何变化？"。

教师归纳上述 2 个例子并以通式 HA-A^- 总结缓冲溶液的作用原理，然后以人体也是一

原溶液	加入1滴(0.05mL) 1mol/L HCl	加入1滴(0.05mL) 1mol/L NaOH
50mL纯水 pH=7.0	pH=3.11	pH=11.23
50mL HAc-NaAc $[c(HAc)=c(NaAc)$ $=0.10mol/L]$ pH=4.70	pH=4.73	pH=4.75

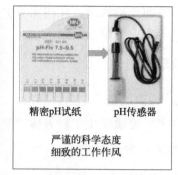

精密pH试纸　　pH传感器

严谨的科学态度
细致的工作作风

缓冲溶液：具有能保持本身pH相对稳定性能的溶液

图1-6　探究实验

个大的缓冲溶液体系为契合点，对学生从学习、工作、人际关系等方面展开抗挫折能力教育，培养学生乐观的人生态度。

思政元素：树立正确的人生观。

【活动六】　知识点讲授：缓冲溶液pH值的计算

如何计算缓冲溶液pH值？让学生带着这个问题展开分组讨论，在教师提问、学生回答环节后，教师总结缓冲溶液pH值的计算公式并通过例题让学生完成知识内化。

【活动七】　知识点讲授：缓冲溶液pH的配制原则

以配制500mL pH＝5的缓冲溶液为例，教师详细分析缓冲溶液的选择和配制原则：一查二算三配。接着组织学生思考"如何配制500mL pH＝10的缓冲溶液？"，在分组讨论、集体研讨中实现对学生高阶层次能力的培养。

【活动八】　随堂练习，知识小结

发布随堂练习，检测学生对知识的掌握程度，教师在答疑解惑中总结本节知识点。

【活动九】　布置作业，思政延伸

(1) 完成孟长功主编的《无机化学》（第六版），P132第12题。

(2) 文献查找：缓冲溶液的应用。

[1] 于梦雪，邹淑君．几种缓冲溶液简介及应用［J］．化学与粘合，2020，42（6）：456-458.

[2] Tao X S, Sun Y G, Lin X J, et al. Construction of uniform ZrO_2 nanoshells by buffer solutions [J]. Dalton T, 2018, 47: 12843.

(3) 了解国家非物质文化遗产——蓝印花布，印染工艺，染缸中pH的调节。

思政元素：培养专业自豪感。

案例 4
沉淀反应

1. 教学目标

知识目标

（1）掌握溶解度与溶度积的关系。
（2）掌握溶度积规则。

能力目标

（1）会计算沉淀反应的溶解度和溶度积。
（2）会用同离子效应和盐效应解决实际问题。

思政目标

（1）增强学生的专业自豪感和专业认同度。
（2）培养具体问题具体分析的科学思维。
（3）强化对立统一、量变和质变的哲学思想。
（4）培养环境保护意识。

2. 教学素材

（1）图片：石笋、钟乳石等自然景观图片。
（2）案例：污水处理的社会生产实践案例。

3. 课程思政设计思路

如图 1-7 所示，课前，教师在学习通布置任务，要求学生预习沉淀反应和查阅污水处理的社会生产实践案例。

课中，教师展示石笋、钟乳石等自然景观图，提问：这些自然景观是如何形成的？在创设情境中导入新课，并结合沉淀反应与自然景观的联系，启发学生善于利用化学知识发现美、创造美，增强学生的专业自豪感。随后在师生互动中，讲解溶解度和溶度积的关系、溶度积规则、同离子效应和盐效应等重要知识，并将具体问题具体分析的科学思维、对立统一及量变和质变的哲学思想有机融入教学。同时在案例分析中，结合如何用溶度积规则解决环境污染问题，培养学生的环境保护意识。

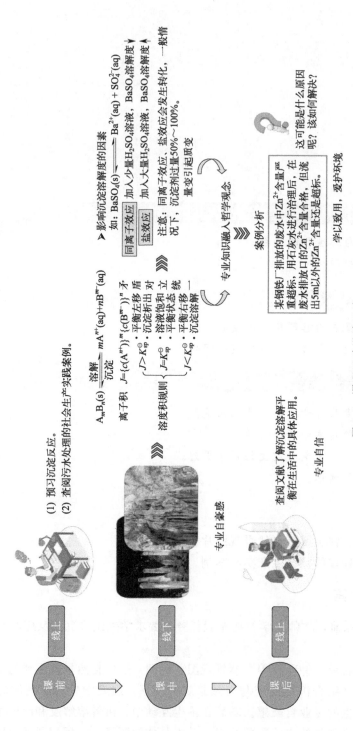

图 1-7 课程思政设计思路

课后，发布文献阅读，在拓宽学生专业视野的同时，提高专业认同感。

4. 具体教学设计

【活动一】 课前准备

布置任务，要求学生预习沉淀反应和查阅污水处理的社会生产实践案例。

【活动二】 新课导入

教师展示美丽的自然景观石笋、钟乳石图片，提出问题：自然界中的石笋和钟乳石是如何形成的？通过漂亮图片的展示，启发学生善于利用化学知识发现美、创造美，甚至利用化学知识创造艺术精品，以此增强学生的专业自豪感。

思政元素：增强专业自豪感。

【活动三】 知识点讲授：溶解度和溶度积

组织学生在自学的基础上，总结溶解度的定义及溶解度的分类。然后以 $CaCO_3$ 为例，推导 AB 型难溶物质溶度积与溶解度的关系式，并借助练习题讲解、学生随堂练习，培养学生形成正确的解题思路。

【活动四】 知识点深化：比较难溶物溶解度大小的方法

"正负离子个数比一致的难溶盐的溶度积（$K_{sp}^{\ominus}$）和溶解度（S）的数值大小有什么关系？同一类物质或不同类型的难溶电解质，应用什么方法比较溶解度？"以问题为抓手引导学生积极思考，并通过例题引导学生利用溶度积与溶解度关系式找到答案，培养学生具体问题具体分析的科学思维。

思政元素：具体问题具体分析的科学思维。

【活动五】 知识点讲授：溶度积规则

教师以某钢铁厂排放废水中 Zn^{2+} 含量严重超标的生产实践案例引出问题：何时沉淀生成？何时沉淀溶解？

教师给出离子积 J 定义后，根据化学平衡移动原理，分析 $J>K_{sp}^{\ominus}$、$J=K_{sp}^{\ominus}$、$J<K_{sp}^{\ominus}$ 时，沉淀和溶解的关系，即溶度积规则，告诉学生化学中也蕴含对立统一关系，要学会抓住主要矛盾解决问题。

思政元素：对立统一的哲学思想。

【活动六】 知识点讲授：同离子效应和盐效应

结合例题讲解同离子效应和盐效应，分析两者对沉淀溶解平衡及难溶电解质溶解度的影响，强调在分析鉴定和分离提纯中常用同离子效应使沉淀更完全，但不是沉淀剂过量越多越好，因在适当条件下同离子效应会转化为盐效应，增加难溶物的溶解度。由此，教育学生凡事要把握分寸，不做超过"度"的事。

思政元素：量变和质变的哲学思想。

【活动七】 回归案例

教师回归某钢铁厂排放废水中 Zn^{2+} 含量严重超标的生产实践案例，要求学生根据溶度积规则提出解决方案。在培养学生学以致用的同时教育学生要关注环境污染问题，做青山绿水的守护者。

思政元素：树立环境保护意识。

【活动八】 随堂练习，知识小结

发布随堂练习，教师在答疑解惑中总结本节知识点。

【活动九】 布置作业，思政延伸

（1）完成孟长功主编的《无机化学》(第六版)，P151 第 6 题。

（2）查阅文献了解沉淀溶解平衡在生活中的具体应用。

［1］Yang H C, Chen X, Yao N, et al. Dissolution-precipitation dynamics in ester electrolyte for high-stability lithium metal batteries［J］. ACS Energy Letters, 2021, 6 (4)：1413-1421.

［2］柯逸涛，张宁，王轶凡，等. 我若为石——痛风中的沉淀溶解平衡［J］. 大学化学，2018，33 (7)：81-83.

思政元素：提高专业认同感。

案例 5
原电池的构造

1. 教学目标

知识目标

(1) 掌握原电池组成。
(2) 掌握原电池工作原理。
(3) 能正确书写原电池符号表示法。

能力目标

(1) 能将一个氧化还原反应设计为原电池。
(2) 能根据原电池符号表示法，正确写出电极反应、总反应方程式。

思政目标

(1) 激发专业自豪感和社会责任感。
(2) 培养缜密、科学的逻辑思维和辩证思维。
(3) 培养知行合一、学以致用的能力。
(4) 树立绿色科技意识。

2. 教学素材

(1) 图片：2019 年诺贝尔化学奖"锂电池之父"、原电池发明史等。
(2) 动画演示：Cu-Zn 原电池装置。

3. 课程思政设计思路

如图 1-8 所示，课前，教师在学习通布置任务，要求学生查阅原电池发明史，并参与讨论：锂电池之父是谁？为什么说锂电池彻底改变了我们的生活？唤起学生对化学的热爱之情，认识到学习化学的重要性。

课中，教师通过图片展示原电池的发明历史，让学生深刻地感受到原电池在社会发展进步过程中扮演着不可或缺的重要角色，树立专业自豪感和社会责任感。接着，从单液原电池引申到双液原电池，重点介绍双液原电池的组成、原电池的符号表示法及电极反应、总化学反应等，在逻辑推理中、在讲练结合中，培养学生缜密、科学的逻辑思维和辩证思维。最

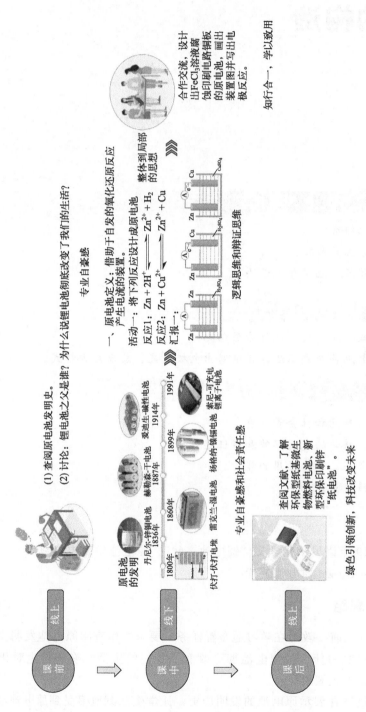

图 1-8 课程思政设计思路

后,结合实际应用设计 $FeCl_3$ 溶液腐蚀印刷电路铜板的原电池,画出装置图并写出电极反应,将理论知识上升到实践应用,遵循知行合一的教育规律。

课后,发布文献阅读,在拓宽学生专业视野的同时,让学生切身体会到"绿色引领创新,科技改变未来"的新时代发展理念。

4. 具体教学设计

【活动一】 课前准备

发布任务,要求学生查阅原电池发明史,并参与讨论:锂电池之父是谁?为什么说锂电池彻底改变了我们的生活?

思政元素:激发专业自豪感。

【活动二】 新课导入

"你了解电池的前世今生吗?科学家的坚持不懈,使我们的科技越来越发达,同学们能从这些科学家身上学到什么吗?"介绍原电池的发明历史(见图1-9),让学生深刻地感受到原电池在社会发展进步过程中扮演着不可或缺的重要角色。

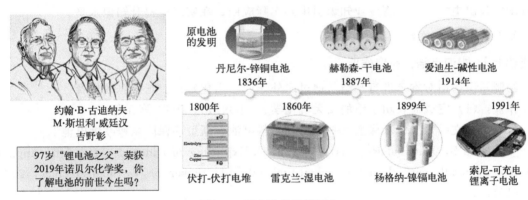

图 1-9 原电池的发明历史

思政元素:树立专业自豪感和社会责任感。

【活动三】 旧知回顾:单液原电池

通过学习通发布选人活动,请1位学生回顾高中所学原电池的形成条件。接着,教师提出2个问题:

(1) 将以下反应设计成原电池,并在小组内分享设计结果。

$$反应 1: Zn + 2H^+ \rightleftharpoons Zn^{2+} + H_2$$
$$反应 2: Zn + Cu^{2+} \rightleftharpoons Zn^{2+} + Cu$$

(2) 单液原电池在实际反应过程中会遇到什么问题?

在知识迁移中,引导学生从整体到局部,拆分单液原电池,发现单液原电池的缺点,思考改进方法。

思政元素:培养缜密、科学的逻辑思维。

【活动四】 知识点讲授:双液原电池的组成

教师播放锌铜原电池被设计为双液电池的动画演示,并提出问题:盐桥没有插入溶液中时，有什么现象？盐桥插入溶液后又有什么现象？请同学们试着写出电极反应式和总反应方程式。

教师总结双液原电池的组成，盐桥的作用以及半反应、电极反应和总反应的概念和书写形式，引导学生分析"与单液原电池相比，双液原电池的优势"，进一步提升学生对原电池的认知水平。

【活动五】 知识点讲授：双液原电池的符号表示法

教师展示锌铜双液原电池的图示，告知学生在每个半反应中同时包含同一种元素不同氧化值的两个物种，即电对，并以锌铜双液原电池为例，讲解书写原电池符号的原则。随后教师发布随堂练习，让学生合作交流，将2个氧化还原反应设计成双液原电池并以原电池符号表示。教师在纠错更正过程中，让学生对氧化还原反应概念有了进一步的认识及拓展，对原电池的工作原理有了更加深刻的理解。

思政元素：培养学生辩证思维能力。

【活动六】 知识点升华

发布任务，要求学生：合作交流，设计出$FeCl_3$溶液腐蚀印刷电路铜板的原电池，画出装置图并写出电极反应。将专业知识引申到实际应用，在实践中提升知识水平。

思政元素：知行合一，学以致用。

【活动七】 知识小结，布置作业

绘制知识图谱对本节进行小结。通过课外作业，内化知识、延伸思政教育。

作业：(1) 完成孟长功主编的《无机化学》(第六版)，P181第8题。

(2) 查阅文献，了解环保型纸基微生物燃料电池、新型环保印刷锌"纸电池"。

[1] Nara S, Kandpal R, Jaiswal V, et al. Exploring providencia rettgeri for application to eco-friendly paper based microbial fuel cell [J]. Biosensors & Bioelectronics, 2020, 165 (10): 112323.

[2] 冯天宇，蔡恬菲，朱亚先. 锂同学的成长之路 [J]. 大学化学, 2018, 33 (7): 2-5.

思政元素：绿色引领创新，科技改变未来。

案例 6
核外电子的排布

1. 教学目标

知识目标

(1) 知道 Pauling 近似能级图。
(2) 知道核外电子排布三原则。
(3) 知道核外电子排布规律。

能力目标

(1) 能正确书写基态原子核外电子排布式、原子实。
(2) 能正确书写基态原子核外电子轨道表示式。

思政目标

(1) 培养坚持不懈、求知若渴的科学精神。
(2) 培养严谨治学的求实精神。

2. 教学素材

(1) 图片：Pauling 近似能级图。
(2) 人物报道：科学家泡利、洪特的简介。

3. 课程思政设计思路

如图 1-10 所示，课前，教师在学习通布置任务，要求学生查阅泡利、洪特 2 位科学家的生平。

课中，教师展示 Pauling 近似能级图，通过旧知回顾，巩固已学知识，同时为新课做铺垫。随后重点介绍核外电子排布的基本原则和核外电子的排布规律，通过核外电子排布规律基本原则，让学生学习到科学家坚持不懈、求知若渴的科学精神。接着介绍核外电子排布的基本规律，通过制造认知冲突，使学生深化知识，在知其然更要知其所以然中，提高严谨的科学态度和求实精神。

课后，发布文献阅读，增加学生知识面。

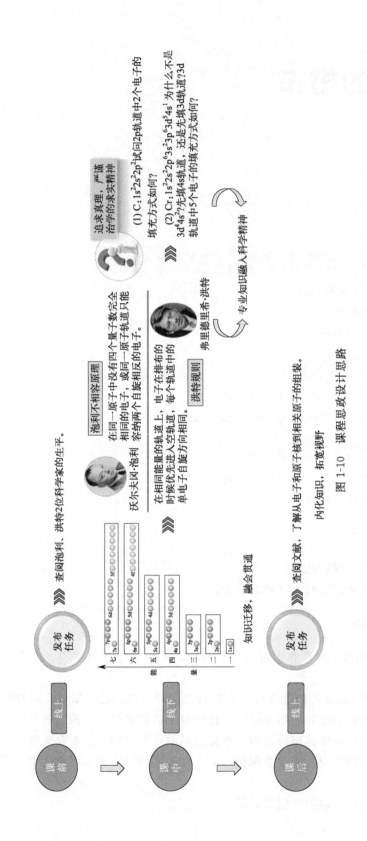

图 1-10 课程思政设计思路

4. 具体教学设计

【活动一】 课前准备

布置任务，要求学生了解泡利、洪特 2 位科学家的生平。

【活动二】 旧知回顾：Pauling 近似能级图

展示 Pauling 近似能级图，提出问题：你还知道哪些多电子原子的近似能级规律？通过 Pauling 近似能级图的展示，增强学生对多电子原子排布现象的好奇心和探究欲，提高学习核外电子排布的兴趣。

【活动三】 知识点讲授：核外电子排布原则

讲授核外电子排布的三个原则：泡利不相容原理，能量最低原理，洪特规则，并随机选人，由学生介绍泡利、洪特 2 位科学家的生平，通过核外电子排布规律发现的过程，让学生学习到科学家坚持不懈、求知若渴的科学精神。

思政元素：培养坚持不懈、求知若渴的科学精神。

【活动四】 知识点讲授：核外电子排布的 4 个量子数

用启发引导、模拟动画、例题分析等方法将抽象的问题形象化，带领学生在旧知的基础上学习主量子数 n、角量子数 l、磁量子数 m 和自旋量子数 m_s 的意义、取值、符号等知识，重点让学生明白以下问题：（1）4 个量子数的取值有何关联？（2）什么是简并轨道？$l=1$、2、3 时，分别有几个简并轨道？轨道形状、空间伸展方向如何？（3）$n=1$、2、3、4 时，分别有哪些原子轨道？每种原子轨道可以容纳多少个电子？（4）主量子数为 n 的电子层内最多容纳多少个电子？

【活动五】 知识点深化：核外电子排布规律

（1）C：$1s^2 2s^2 2p^2$ 试问 2p 轨道中 2 个电子的填充方式如何？（2）Cr：$1s^2 2s^2 2p^6 3s^2 3p^6 3d^5 4s^1$ 为什么不是 $3d^4 4s^2$？先填 4s 轨道，还是先填 3d 轨道？3d 轨道中 5 个电子的填充方式如何？

通过上述 2 道例题，制造认知冲突，引发学生思考和讨论。然后以基态 $_{49}$In 原子的核外电子排布为例，解释原子实的含义。以 O 原子为例，讲解电子排布的轨道表示式，如图 1-11 所示。

图 1-11 氧原子核外电子轨道排布式

最后在教师总结中深化对核外电子排布三原则的理解，以及书写核外电子排布的几种方式，使学生在知其然更要知其所以然中，提高严谨的科学态度和求实精神。

思政元素：培养严谨治学的求实精神。

【活动六】 翻转课堂：核外电子排布练习

学生以 4 人为一组，书写 $_{42}$Mo、$_{47}$Ag 核外电子排布，并且小组派代表进行讲解。活动完成后，教师对学生的讲解进行评价，纠正错误，对于讲得好的地方进行表扬鼓励。

【活动七】 知识小结，布置作业

总结本节知识点，通过课外作业，内化知识，增加学生知识面。

（1）完成孟长功主编的《无机化学》（第六版），P221 第 12 题。

（2）查阅文献，了解从电子和原子核到相关原子的组装。

［1］Ashcroft N W. From electrons and nuclei to assemblies of correlated atoms ［J］. Angew Chem Int Ed Engl，2017，56：2-6.

案例 7
离子晶体

1. 教学目标

知识目标

(1) 掌握离子晶体基本知识。
(2) 掌握 AB 型离子晶体常见构型和特征。
(3) 掌握晶格能的概念和计算方法。

能力目标

(1) 能用半径比规则判断常见晶体结构。
(2) 能用玻恩-哈伯循环法、玻恩-朗德公式计算简单离子晶体的晶格能。

思政目标

(1) 增强专业自豪感。
(2) 培养一分为二的辩证唯物主义思想。
(3) 培养具体问题具体分析的辩证唯物主义思想。
(4) 树立正确的世界观、人生观和价值观。

2. 教学素材

(1) 视频：DIY 自制单晶体。
(2) 图片：晶体图片。
(3) 人物报道：马克斯·玻恩、弗里茨·哈伯的生平。

3. 课程思政设计思路

如图 1-12 所示，课前，教师在学习通布置任务，要求学生了解德国科学家马克斯·玻恩和弗里茨·哈伯的生平，并发布讨论：你如何评价玻恩和哈伯这两位科学家。培养学生一分为二的辩证唯物主义思想。

课中，教师播放视频和展示漂亮的晶体图片，启发学生善于利用化学知识发现美、创造美，增强学生的专业自豪感。随后在复习旧知的基础上，重点介绍 AB 型离子晶体的结构和晶格能。在介绍晶格能计算方法（玻恩-哈伯循环法、玻恩-朗德公式）时组织学生评价弗里

图 1-12　课程思政设计思路

茨·哈伯在科学界的功与过，教育学生科学技术造福人类是人间正道，树立正确的三观才能被世人所尊重和敬仰。

课后，发布文献阅读，结合晶格能的实际应用，展示生活中的化学，让学生感悟化学的价值，并感受化学在生活中的重大作用，拓宽学生的专业视野，让同学们切身体会到"科技改变未来"的新时代发展理念。

4. 具体教学设计

【活动一】 课前准备

布置任务，要求学生了解德国科学家马克斯·玻恩和弗里茨·哈伯的生平，并发布讨论：你如何评价玻恩和哈伯这两位科学家。教师线上引导学生学习两位科学家崇尚创新、勤奋钻研的科学精神，并批判哈伯黑白不分、祸害人类。

思政元素：培养一分为二的辩证唯物主义思想。

【活动二】 课程导入

教师播放有关 DIY 自制单晶体的视频以及晶体图片，展示晶体丰富多彩的形貌、颜色，激发学生学习兴趣，启发学生善于利用化学知识发现美、创造美，顺势引入新课——离子晶体。

思政元素：增强专业自豪感。

【活动三】 旧知回顾：离子晶体基本知识

教师引领学生复习在中学已学习的知识：离子晶体的定义、构成微粒、微粒间的作用、离子晶体的共性等。发布问题：离子晶体不导电，为什么熔化后或溶于水后能导电？在回顾旧知中，让学生做好学习新知的准备。

【活动四】 知识点讲授： AB 型离子晶体的结构

教师结合图片讲解氯化钠、氯化铯、硫化锌的晶体结构模型，引导学生判断晶胞中离子的个数、比较分析离子半径与配位数的关系，归纳半径比规则。

教师强调：半径比规则是一条经验规则，可以为判断晶体结构提供帮助，但实际上常有例外，因为半径比规则是建立在假设的基础上，实际情况下，这些假设并不完全成立，教育学生处理问题要具体问题具体分析，不能生搬硬套。

思政元素：培养具体问题具体分析的哲学思想。

【活动五】 知识点讲授：晶格能

"半径比规则是一条经验规则，那真正决定固体化合物晶体结构的因素是什么呢？"引出晶格能定义，强调晶格能定义中的注意事项，并以计算 NaCl 晶格能为例介绍玻恩-哈伯循环法、玻恩-朗德公式计算晶格能的方法和步骤。随后请 2 位学生评价弗里茨·哈伯在科学界的功与过，教育学生科学技术造福人类是人间正道。

思政元素：树立正确的世界观、人生观和价值观。

【活动六】 知识小结，在线测试

对本节内容进行总结，明确重难点，帮助学生系统记忆。发布在线测试任务，通过答题正确率，教师答疑解惑，内化知识。

【活动七】 迁移应用，课后拓展

发布任务，要求学生查找文献资料，了解陶瓷的晶格能、键能与微波介电性能的关系以及玻恩-哈伯循环法在无机化学中的应用。

[1] Xiao M, He S, Meng J, et al. Bond ionicity, lattice energy, bond energy and the microwave dielectric properties of non-stoichiometric $MgZrNb_{2+x}O_{8+2.5x}$ ceramics sciencedirect [J]. Materials Chemistry and Physics，2022，242：122412.

[2] 何丽君，李生英，徐飞，等. 玻恩-哈伯循环在无机化学中的应用 [J]. 大学化学，2013，28（2）：42-47.

案例 8

氧及其化合物

1. 教学目标

知识目标

(1) 能书写 O_2、O_3 在酸或碱性条件下的反应通式。
(2) 掌握 O_2、O_3、H_2O_2 的结构、性质、用途。

能力目标

(1) 能够运用 O_2、O_3、H_2O_2 的性质解决实际生活问题。
(2) 能通过氧族元素的学习，掌握同族元素的性质变化规律。

思政目标

(1) 渗透具体问题具体分析的哲学思想。
(2) 培养可持续发展意识。
(3) 学以致用，树立高尚的职业道德。

2. 教学素材

(1) 新闻：双氧水泡鸡爪。
(2) 文章：1995 年诺贝尔化学奖。
(3) 人物报道：克鲁岑、莫利纳、罗兰 3 位科学家的生平。

3. 课程思政设计思路

如图 1-13 所示，课前，教师在学习通布置任务，要求学生预习"氧及其化合物"、查阅 1995 年诺贝尔化学奖获得者克鲁岑、莫利纳、罗兰 3 位科学家的生平，为课中学习做准备。

课中，教师以食品安全事件——双氧水泡鸡爪，提出：不良商家为什么要用双氧水浸泡鸡爪？在创设情境中导入新课。随后重点介绍氧气、臭氧、过氧化氢的结构、性质和用途等，在介绍臭氧时讲解 1995 年诺贝尔化学奖获得者克鲁岑、莫利纳和罗兰 3 人证明了人造物质对臭氧层的破坏机理，增强学生环境保护与绿色发展理念，培养学生科学态度和社会责任。在讲解过氧化氢两面性（强氧化性和还原性）时，回归"不良商家为什么要用双氧水浸泡鸡爪"，培养学生知行合一、学以致用，并教育学生树立高尚的职业道德，做食品安全的

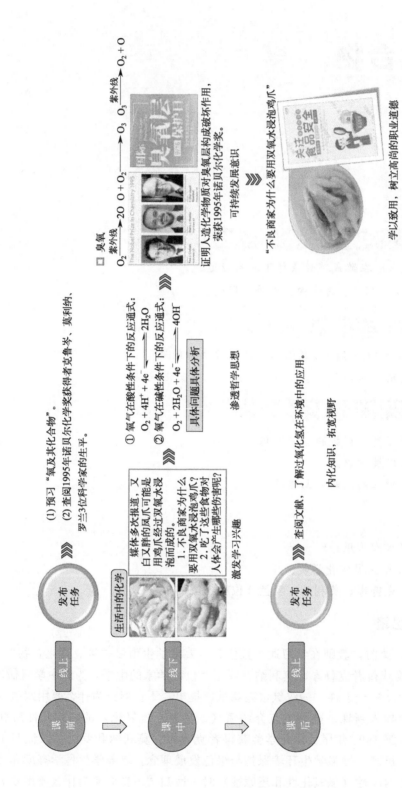

图 1-13 课程思政设计思路

守护神。

课后，发布文献阅读，拓宽学生专业视野。

4. 具体教学设计

【活动一】 课前准备

布置任务，要求学生预习"氧及其化合物"，查阅 1995 年诺贝尔化学奖获得者克鲁岑、莫利纳、罗兰 3 位科学家的生平。

【活动二】 课程导入

以涉及食品安全的"双氧水泡鸡爪"事件引课，让同学们带着"不良商家为什么要用双氧水浸泡鸡爪"的问题开展本节课的学习。

【活动三】 知识点讲授：氧族元素概述

什么是氧族元素？氧族元素通性有哪些？教师通过学习通选人回答。教师点拨：在同族元素中，从上到下，电负性逐渐减小，氧化性逐渐减小。以"原子结构"基础理论知识指导元素化学学习，渗透"结构决定性质，性质决定用途"的化学思维。

【活动四】 知识点讲授：氧气

回忆旧知，让学生写出氧气的分子轨道电子排布式，教师通过分析氧气分子中有成单电子，让学生在"结构决定性质，性质决定用途"的化学思维中自然学习到氧气是化学性质活泼的物质。接着，教师指导学生书写氧气在酸性或碱性环境下的反应通式，引导学生思考氧气在酸碱环境下是 H^+ 还是 OH^- 参与反应，突出具体问题具体分析的哲学思想。

思政元素：渗透具体问题具体分析的哲学思想。

【活动五】 知识点讲授：臭氧

教师重点讲解臭氧的结构与物理、化学性质，臭氧的鉴定和测定。教师提问：大气层中臭氧层有什么作用？什么是臭氧空洞？如何防止臭氧空洞的形成？并在学习通发布资料：1995 年诺贝尔化学奖获得者向世人证明了人造化学物质对臭氧层构成破坏作用。随着对一个个问题的解答，学生环境保护与绿色发展理念逐渐加强。

思政元素：培养可持续发展意识。

【活动六】 知识点讲授：过氧化氢

教师讲解过氧化氢结构、制备、鉴定和性质。在讲解过氧化氢的氧化还原性时，结合氧气、过氧化氢、水三者元素电势图，引导学生分析得到过氧化氢的两面性（强氧化性和还原性），然后回归课初教师抛出的"不良商家为什么要用双氧水浸泡鸡爪"问题，使得学生豁然开朗，达到学以致用的目的。在总结过氧化氢用途时，除体现化学学科在现实生活中的魅力外，强调职业道德，教育学生做食品安全的守护神。

思政元素：学以致用，树立高尚的职业道德。

【活动七】 随堂练习，内化知识

发布随堂练习，教师对学生答题结果进行分析，理顺知识脉络，帮助学生加深对知识的掌握。

【活动八】 课堂小结、课后拓展

总结本节内容，强调重难点知识。发布课后任务，拓宽学生专业视野。

（1）完成孟长功主编的《无机化学》（第六版），P419第9题。

（2）阅读文献，了解过氧化氢在环境中的应用：

［1］Yang X，Jin C C，Zheng J L，et al. Portable intelligent paper-based sensors for rapid colorimetric and smartphone-assisted analysis of hydrogen peroxide for food，environmental and medical detection applications ［J］. Sensors and Actuators B：Chemical，2023，394：134417.

［2］吴嘉璇，温瀚韬，吴锶敏，等．"铬"显神通——过氧化氢环境下三价铬的变化探究［J］．大学化学，2021，36（6）：1-7.

案例 9
卤素单质

1. 教学目标

知识目标

(1) 掌握卤素的通性。
(2) 掌握卤素单质的物理性质。
(3) 掌握卤素单质的化学性质。

能力目标

(1) 能用结构解释卤素单质的性质。
(2) 掌握制备卤素单质的方法。

思政目标

(1) 激发学生对科学的敬畏之心。
(2) 增强学生的专业自豪感。
(3) 培养学生逻辑推理能力。
(4) 坚定理想信念，勇担时代使命。

2. 教学素材

(1) 图片：卤素晶体照片。
(2) 化学史：死亡元素——氟单质的发现史。
(3) 新闻事件：84 消毒液与洁厕灵混合造成的中毒事件。

3. 课程思政设计思路

如图 1-14 所示，课前，教师在学习通布置任务，要求学生预习"卤素单质"，查阅氟元素的发展史，并参与讨论：谈谈你对氟元素发展史的感想。激发学生对科学的敬畏之心，学习科学家不畏困难、砥砺前行的精神。

课中，教师展示生活中常见的干燥剂、摔炮、消毒液等物质的主要成分，导入新课，同时向学生传输化学与我们的生活息息相关，激发学生的学习热情。接着对卤素概述，通过展示卤素天然化合物的晶体图片，启发学生善于利用化学知识发现美、创造美，以此增强学生

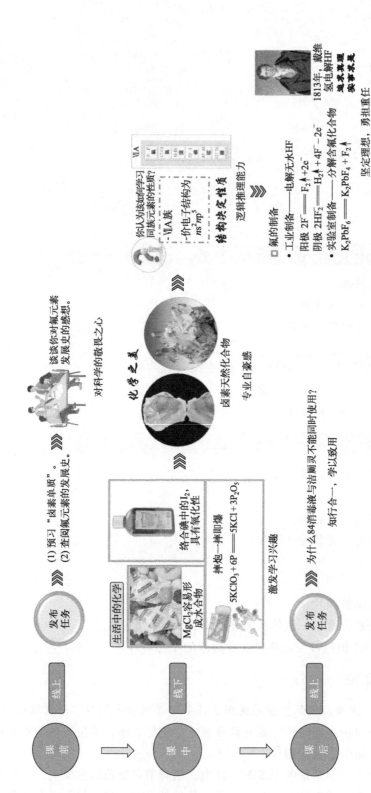

图1-14 课程思政设计思路

的专业自豪感。随后重点介绍卤素单质的物理性质和化学性质，以"结构决定性质，性质决定用途"的化学思维，引导学生理解卤素单质在性质上的变化规律，培养学生逻辑思维能力。在卤素单质的制备教学中，回顾氟元素的发展史，通过科学家不惧危险、勇往直前探索科学的过程，激励学生坚定理想信念、勇担时代使命。

课后，发布学习任务，要求学生查找卤素化合物在日常生活中的应用，并讨论：为什么84消毒液与洁厕灵不能同时使用？将书本知识引入实际生活，拓宽专业视野，做到知行合一。

4. 具体教学设计

【活动一】 课前准备

布置任务，要求学生预习"卤素单质"，查阅氟元素的发展史，并参与讨论：谈谈你对氟元素发展史的感想。

思政元素：激发学生对科学的敬畏之心。

【活动二】 课程导入

由生活中常见的干燥剂、摔炮、消毒液等物质的主要成分引入卤素学习，展示化学与我们的生活息息相关，激发学生学习化学的热情。

【活动三】 知识点讲授：卤素概述

在学生自学、小组讨论下，教师总结卤素通性。接着展示卤素天然化合物的晶体图片，启发学生善于利用化学知识发现美、创造美，甚至利用化学知识创造艺术精品，以此增强学生的专业自豪感。最后，教师讲解卤素在不同酸碱环境中的标准元素电势图，判断卤素单质发生歧化反应的条件。

思政元素：增强学生的专业自豪感。

【活动四】 知识点讲授：卤素单质的物理性质

给学生展示氟气、氯气、液溴、碘的图片，让学生感知卤素单质的状态、颜色，接着以小组讨论的形式，组织学生学习卤素单质的物理性质，并从颜色、状态、密度、熔沸点、在水中的溶解性等方面进行归纳总结，最后在老师的点拨下让学生明白卤素单质的物理性质随着原子序数的增加具有递变性。

【活动五】 知识点讲授：卤素单质的化学性质

以分析 F、Cl、Br、I 等原子的核外电子排布为切入点，提问学生：（1）为什么卤素单质是双原子分子？（2）为什么卤素单质均具有氧化性？（3）卤素单质的氧化性随着原子序数的增加发生怎样的递变？在强化"结构决定性质，性质决定用途"的化学思维中，让学生从宏观上对卤素单质的化学性质有清晰的认知。

随后，教师指导学生学习卤素单质与金属单质、氢气、水、碱等物质反应的化学反应方程式及反应条件和现象、学习卤素单质间的置换反应等。最后，教师提问：根据我们对卤素单质的学习，你认为该如何学习同族元素的性质？推动学生总结出：在结构决定性质的理念下，学习同族元素性质的方法是以点推面。

思政元素：培养学生逻辑推理能力。

【活动六】 知识点讲授：卤素单质的制备

  教师讲解工业上、实验室中制备氟气的方法，然后带领学生回顾氟单质发现史，通过科学家不惧危险、勇往直前探索科学的过程，激励学生坚定理想信念、勇担时代使命。

  接着，教师组织学生分组讨论工业或实验室制备氯气、液溴、碘单质的方法，并指导学生思考实验中有哪些危险因素，如何解决，培养学生实验安全意识。

  思政元素：坚定理想信念，勇担时代使命。

【活动七】 随堂练习，知识总结

  发布随堂练习，教师对学生答题结果进行分析，理顺知识脉络，总结本节知识点。

【活动八】 迁移应用、课后拓展

  发布任务，要求学生查找卤素化合物在日常生活中的应用，并讨论：为什么84消毒液与洁厕灵不能同时使用？将书本知识引入到实际生活，拓宽专业视野，做到知行合一。

案例 10
铜族单质

1. 教学目标

知识目标

（1）了解铜族元素的通性。
（2）掌握铜族单质的物理性质。
（3）掌握铜族单质的化学性质。
（4）掌握金属铜的冶炼方法。

能力目标

（1）能利用原子结构知识解释铜、银、金在性质上的逐级递变。
（2）能利用原子结构知识解释铜族元素的金属活泼性远小于碱金属。

思政目标

（1）开阔学科思维、领悟科技报国。
（2）培养分析问题、解决问题的能力。
（3）激发民族自豪感，增强文化自信。
（4）学以致用，提高职业素养。

2. 教学素材

（1）论文：药学科研前沿领域相关研究成果。
（2）文章：战国时期《周礼·冬官·辀人》记载的铸造青铜合金的方法。

3. 课程思政设计思路

如图 1-15 所示，课前，教师在学习通布置任务，要求学生预习"铜族单质"，查阅中国古代青铜冶铸技术方面的资料。

课中，教师通过介绍我国科学家在药学方面的研究，使学生开阔学科思维、领悟科技报国，在此情境中导入新课。随后介绍铜族元素的通性、铜族单质的物理性质。在指导学生学习铜族单质的化学性质时，强化结构决定性质的化学理念。围绕"原子结构"基础理论知识，让学生理解铜族单质的金属活泼性随原子序数的增加而递减，培养学生分析问题、解决

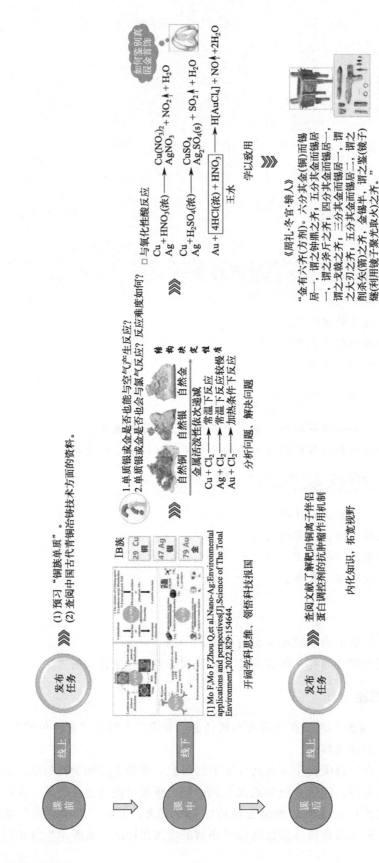

图 1-15 课程思政设计思路

问题的能力。同时，理实结合，将铜族单质的化学性质与生活案例联系，培养学生学以致用的能力。最后在讲解铜族单质的冶炼时，融入战国时期《周礼·冬官·辀人》记载的铸造青铜合金的方法，激发学生的民族自豪感，增强文化自信。

课后，发布文献阅读，拓宽学生的专业视野，提升学生的专业素质。

4. 具体教学设计

【活动一】 课前准备

布置任务，要求学生预习"铜族单质"，查阅中国古代青铜冶铸技术方面的资料。

【活动二】 课程导入

教师展示我国科学家在纳米银方面的最新研究成果，讲解纳米金与纳米银是当前药学领域的研究热点之一，为新型抗病毒药物及抗多重耐药菌药物的研发提供了新的参考和策略。金、银均属于元素周期表 d 区的铜族元素，由此导入新课。

思政元素：开阔学科思维、领悟科技报国。

【活动三】 知识点讲授：铜族元素的通性

以铜族元素的价电子构型为重点讲授铜族元素的常见氧化态、第一电离能、第二电离能等知识，再结合铜族元素的标准电极电势图，说明铜族元素的金属活泼性远小于碱金属。

【活动四】 知识点讲授：铜族单质的物理性质

通过图片展示，讲解铜、银、金在地壳里的相对丰度及存在形式。接着，教师给出铜族元素单质图片，要求学生自学铜族金属单质的物理性质，并从物质的颜色、状态以及熔沸点等方面进行总结。

【活动五】 知识点讲授：铜族单质的化学性质——与空气、卤素单质反应

教师提问：为什么青铜器是绿色的？组织学生自学相关知识后，选人书写铜绿生成的化学反应式。引发学生思考第一个问题：单质银或金是否也能与空气产生反应？

随后，教师以氯气为代表，讲解铜与氯气反应的现象及化学反应方程式。引发学生思考第二个问题：单质银或金是否也会与氯气反应？反应难度如何？写出反应方程式。

此时，教师强化结构决定性质的化学理念，分析铜、银、金原子结构，以"原子结构"基础理论知识让学生理解铜族元素单质的金属活泼性随原子序数的增加而递减。铺垫完上述知识后，教师组织学生回答前面两个问题。

思政元素：培养分析问题、解决问题的能力。

【活动六】 知识点讲授：铜族单质的化学性质——与酸反应

以"如何鉴别真假首饰"为悬念指导学生学习铜、银、金与浓硝酸、浓硫酸和王水的反应。当学生知道金只能与王水反应时，谜底揭晓，学生豁然开朗。

思政元素：学以致用，提高职业素养。

【活动七】 知识点讲授：铜族单质的冶炼

重点讲解金属铜的冶炼方法。当学生了解了铜族单质的冶炼方法后，教师发问：你们了解中国古代青铜冶铸技术吗？紧接着教师讲解战国时期《周礼·冬官·辀人》记载的铸造青铜合金的方法，使学生在了解其中化学知识的同时，激发民族自豪感，增强文化自信。

思政元素：激发民族自豪感，增强文化自信。

【活动八】知识小结，布置作业

总结本节知识，布置课后作业：查阅文献了解靶向铜离子伴侣蛋白调控剂的抗肿瘤作用机制。

[1] 王映翘，杨密，王茵，等．铜及铜相关蛋白在肿瘤中的研究进展［J］．肿瘤代谢与营养电子杂志，2022，9（2）：265-270．

第 2 章
有机化学课程思政教学设计

- 案例 1 ▶ 杂化轨道理论与分子极性
- 案例 2 ▶ 外消旋体的拆分与不对称合成
- 案例 3 ▶ 芳香烃的亲电取代反应
- 案例 4 ▶ 卤代烃
- 案例 5 ▶ 苯酚
- 案例 6 ▶ 醚
- 案例 7 ▶ 醛和酮的化学性质
- 案例 8 ▶ 生物碱
- 案例 9 ▶ 萜类化合物
- 案例 10 ▶ 多肽和蛋白质

案例 1
杂化轨道理论与分子极性

1. 教学目标

知识目标

(1) 知道价键理论的发展过程及杂化轨道理论。
(2) 知道键参数和电负性。
(3) 知道分子极性。

能力目标

(1) 能运用杂化轨道理论判断物质的空间构型。
(2) 能判断化学键极性大小。
(3) 能判断分子极性大小。
(4) 能够把握有机化合物的组成、结构、性质三者的联系。

思政目标

(1) 培养学生刻苦学习、不断探求、敢于突破创新的科学精神。
(2) 帮助学生树立正确的世界观、人生观、价值观。

2. 教学素材

(1) 知识简介：有机化学结构理论。
(2) 人物报道：莱纳斯·卡尔·鲍林。

3. 课程思政的设计思路

如图 2-1 所示，课前，要求学生自学知识简介"有机化学结构理论"，了解凯库勒、古柏尔、布特列洛夫、范霍夫和勒贝尔等科学家在结构理论上所做的贡献。

课中，教师首先提出问题：酒精分子中各原子是如何排列分布的？激发学生学习兴趣后，教师概述性介绍凯库勒、古柏尔、布特列洛夫、范霍夫和勒贝尔等在有机化学结构理论上的贡献，再现当年化学界辉煌，并提醒学生创新是推动科学发展的第一动力。随后教师话题一转：早期结构理论也有不足之处，如无法解释为什么甲烷（CH_4）分子是正四面体空间

图 2-1 课程思政设计思路

结构,一个碳原子为什么形成了 4 根共价键。导出新课——杂化轨道理论。在讲解完杂化轨道主要内容后,教师介绍杂化理论创始人——莱纳斯·卡尔·鲍林的生平,以鲍林一生荣获诺贝尔化学奖和和平奖 2 个奖项,激励学生以科学家为榜样,树立正确的世界观、人生观、价值观。然后在引导学生回忆键参数、完成知识迁移的前提下,从双原子分子和多原子分子的角度层层分析键的极性与分子极性的关系,培养学生勤动脑、善思考、敢于创新的科学精神。

课后,组织学生在学习通平台上讨论鲍林人生轨迹的转变及原因,再次以科学家精神铸魂育人。

4. 具体教学设计

【活动一】 课前准备

自学知识简介"有机化学结构理论",了解凯库勒、古柏尔、布特列洛夫、范霍夫和勒贝尔等科学家在结构理论上所做的贡献。

【活动二】 课程导入

展示一瓶酒精,配上分子式 CH_3CH_2OH,提出问题:酒精分子中各原子是如何排列分布的?接着,教师介绍,19 世纪,为了探索分子中各原子如何相互结合和为何会有同分异构体等问题,凯库勒、古柏尔、布特列洛夫、范霍夫和勒贝尔等科学家进行大量研究,创新性提出结构理论。凯库勒等的结构理论推动了有机化学的发展,结束了有机化学界理论方面的混乱局面,但凯库勒等的结构理论无法解释如甲烷(CH_4)分子中碳原子有 4 根共价键,形成正四面体之类的问题,因此迫切需要其他理论来解决实际问题,这个理论就是杂化轨道理论。

思政元素:创新是推动科学发展的第一动力。

【活动三】 知识点讲解:杂化轨道理论

教师给出杂化轨道理论的基本要点后,分别以 $BeCl_2$、BF_3、CH_4、NH_3、H_2O 解释 sp、sp^2、等性 sp^3、不等性 sp^3 杂化的形成过程,然后从杂化轨道空间排布、杂化轨道中孤对电子数、分子空间构型、键角等方面进行归纳总结,并给出判断分子杂化类型的经验方法。

【活动四】 知识点升华:杂化轨道理论

发布随堂练习、组织学生讨论、安排小组作答、强调杂化轨道要点,教师通过上述四步,引导学生完成知识升华。接着,教师问学生:你们知道杂化理论的创始人是哪位科学家吗?此时,教师开始介绍莱纳斯·卡尔·鲍林生平,由于这位科学家在化学键理论以及维护世界和平方面所做的贡献,分别于 1954 年、1962 年被授予诺贝尔化学奖和和平奖,最后画龙点睛地引导学生向这位被誉为伟大的科学家与和平战士的鲍林学习,学习其勇攀高峰的创新精神和维护世界和平的坚定信念。

思政元素:树立正确的世界观、人生观、价值观。

【活动五】 知识点迁移:键参数

教师引导学生回忆在无机化学中学习到的有关键参数的知识,当回忆到键的极性时,教师首先帮助学生复习电负性概念和定量衡量原子电负性的计算公式，然后以 H_2、O_2 分子为例，推出非极性共价键；以 HCl 分子为例，推出极性共价键；以元素周期表中元素电负性周期性变化，推出化学键极性大小的规律。通过上述层层引导，帮助学生完成知识迁移。

【活动六】 知识点讲授：**分子的极性**

巩固基础后，教师从双原子分子和多原子分子的角度分析键的极性与分子极性的关系，让学生理解化学键的极性强弱与分子极性强弱的关系、空间构型对分子极性的影响等知识点。在启发分析、练习答疑中培养学生勤动脑、善思考的科学精神。

思政元素：培养学生积极思考的科学精神。

【活动七】 总结归纳，布置任务

总结知识点，布置作业。要求学生上网查找莱纳斯·卡尔·鲍林的资料，在学习通讨论区共同探讨鲍林人生轨迹的转变及原因。

思政元素：以科学家精神铸魂育人。

案例 2
外消旋体的拆分与不对称合成

1. 教学目标

知识目标

（1）了解外消旋体拆分的方法。
（2）了解不对称合成的方法。

能力目标

（1）会根据实际案例选择合适的方法拆分外消旋体。
（2）能总结不对称合成的前沿科学发展。

思政目标

（1）培养辨别事物两面性的能力。
（2）树立严谨的科学态度和求实的科学作风。
（3）具有精益求精、臻于至善的工匠精神。
（4）激励创新意识，为学生点亮理想的灯、照亮前行的路。

2. 教学素材

（1）新闻："反应停"事件。
（2）新闻：2001 年、2021 年诺贝尔化学奖。

3. 课程思政的设计思路

如图 2-2 所示，课前，教师在学习通发布任务，要求学生复习外消旋体的定义、费歇尔投影式、D/L 构型标记法等，唤醒旧知，为线下课堂教学做准备。

课中，教师通过"反应停"事件导课，并抛出问题：沙利度胺的 R 型和 S 型结构是一样的，为何作用不一样？如何拆分？让学生认识到手性药物在生物活性上的两面性，加强学生对手性异构体的重视程度，强化事物具有两面性的哲学思想。随后，引出分离技术——外消旋体拆分的概念及拆分的具体方法，其中在仪器拆分法中重点介绍手性色谱法，将手性色谱最新研究成果介绍给学生，拓展学生知识面，激发学生创新思维。接着，回归"反应停"

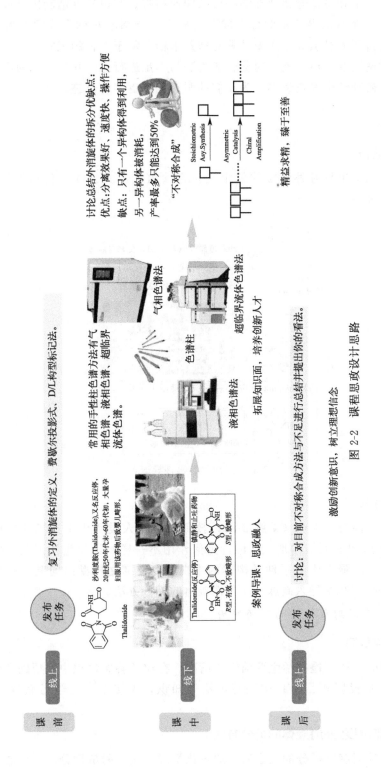

图 2-2 课程思政设计思路

事件,以拆分 R 型与 S 型沙利度胺为例,培养学生严谨的科学态度和求实的科学作风,以及时刻将人民生命安全和身体健康放在第一位的职业精神。在讨论外消旋体拆分方法优缺点时,针对拆分缺点,教师抛出"不对称合成"的概念,介绍不对称合成的发展、应用与意义,通过举例优秀科研人员引导学生要"具有精益求精、臻于至善的工匠精神"。

课后,发布讨论话题:对目前不对称合成方法与不足进行总结并提出你的看法。将思政教育延伸到课后,鼓励学生发奋读书,为我们的明天创造更多的奇迹。

4. 具体教学设计

【活动一】 课前准备

发布任务,要求学生复习外消旋体的定义、费歇尔投影式、D/L 构型标记法等知识,为线下课堂教学做准备。

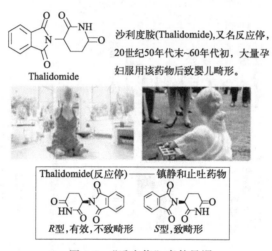

图 2-3 "反应停"事件导课

【活动二】 课程导入

以"反应停"事件为切入点(见图 2-3),教师讲述完人类历史上这场悲剧后,抛出问题:沙利度胺的 R 型和 S 型结构是一样的,为何作用不一样?让学生认识到手性药物在生物活性上的两面性,加强学生对手性异构体的重视程度。随之再抛出问题:那么如何将 R 型与 S 型沙利度胺分开呢?导入新课——外消旋体的拆分方法。

思政元素:培养辨别事物两面性的能力。

【活动三】 知识点复习

通过随堂小测的形式,检查学生课前学习情况。在纠正答疑过程中,帮助学生回忆外消旋体的定义、费歇尔投影式、D/L 构型标记法等知识,为接下来的学习做好铺垫和准备工作。

【活动四】 知识点讲授: 外消旋体的拆分方法

教师在介绍完外消旋体拆分的概念后,通过化学拆分法、酶解拆分法、仪器拆分法等讲授外消旋体的具体拆分方法。在仪器拆分法中重点介绍色谱拆分法中的手性色谱法,将手性色谱最新研究成果介绍给学生,拓展学生知识面,激发学生创新思维。

思政元素：发扬学以致用的精神，培养创新人才。

【活动五】 知识点内化：外消旋体的拆分方法

回顾"反应停"事件，要求以小组为单位查找拆分 R 型与 S 型沙利度胺的方法，并分析其拆分原理。同时，教师无缝融入职业道德教育，教育学生要具有严谨的科学态度和求实的科学作风，时刻将人民生命安全和身体健康放在第一位。同时，将有关沙利度胺毒性的最新研究进展告诉学生，即沙利度胺两种构型在人体内会消旋化，致畸能力差不多，也就是说即使服用有效的 R 型沙利度胺，依然无法保证其没有毒性，引发学生思考：为什么沙利度胺两种构型在人体内会发生消旋化？扩大学生知识面，培养学生自主学习能力。

思政元素：树立严谨的科学态度和求实的科学作风。

【活动六】 知识点小结：外消旋体的拆分方法

组织学生讨论、总结外消旋体拆分的优缺点。针对缺点：只有一个异构体得到应用，另一个异构体被消耗，即产率最多只能达到50%，教师引出前沿科学——不对称合成。

【活动七】 知识拓展：不对称合成

介绍不对称合成的发展、应用与意义，并举例相关优秀科研人员，如2001年、2021年诺贝尔化学奖获得者。用科学家精神激励学生，培养精益求精、臻于至善的工匠精神。

思政元素：培养精益求精、臻于至善的工匠精神。

【活动八】 课后思考，思政延伸

发布讨论话题：对目前不对称合成方法与不足进行总结并提出你的看法。在讨论中将思政教育延伸到课后，鼓励学生发奋读书，为我们的明天创造更多的奇迹。

思政元素：激励创新意识，为学生点亮理想的灯、照亮前行的路。

案例 3
芳香烃的亲电取代反应

1. 教学目标

知识目标

(1) 知道苯环结构特点。
(2) 知道芳香烃的亲电取代反应类型。
(3) 知道芳香烃亲电取代反应的定位规律。

能力目标

(1) 能描述芳香烃亲电取代反应机理。
(2) 能正确书写芳香烃亲电取代反应方程式。
(3) 能准确区分邻对位活化定位基、间位定位基、邻对位钝化定位基。
(4) 能意识到芳香烃亲电取代反应的定位规律在有机合成上的应用价值。

思政目标

(1) 培养学生科学伦理意识。
(2) 培养学生敢于突破、敢于创新的科学精神。
(3) 树立安全意识，培养学生预判实验风险能力。
(4) 培养学生科学思维方式和知行合一的人生观。

2. 教学素材

(1) 医药故事：DDT 的故事。
(2) 知识简介：傅-克反应的危险性分析与安全措施。

3. 课程思政的设计思路

如图 2-4 所示，课前，教师发布学习任务，要求学生观看线上视频，预习芳香烃的亲电取代反应，提高学生自主学习能力。

课中，教师通过 DDT 的故事引导学生思考：DDT 究竟是良药还是毒物，DDT 究竟如何使用才能既不破坏生态环境、又能发挥最佳药效？自然地引入思政元素——科学是一把双

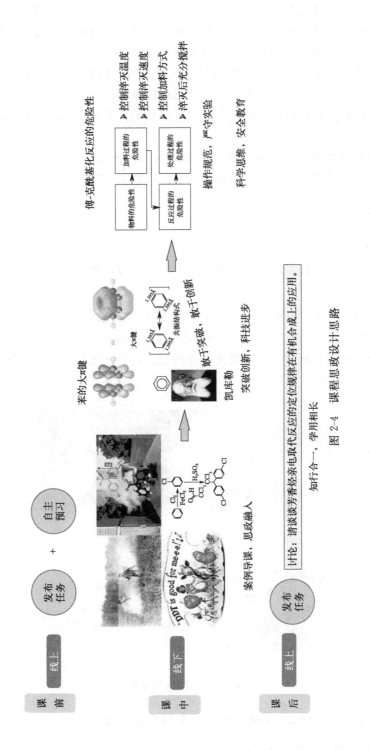

图 2-4 课程思政设计思路

刃剑，科学技术应该为人类造福，人类应合理地利用它，培养学生科学伦理意识。随后教师展示出 DDT 分子的合成路径，引出新课——芳香烃的亲电取代反应。

在从结构上分析苯环是共轭大 π 键、易发生亲电取代反应时，教师强调科学家凯库勒认为苯是单双键交替的环状结构虽不正确，但其所提出的苯的环状构型却为人们开启了芳香烃研究的大门，推动了有机化学的发展，教育学生在求知的道路上要敢于突破、敢于创新。

在组织本节重点知识芳香烃的亲电取代反应教学时，教师以傅-克酰基化反应为例，围绕亲电取代反应机理，引导学生分析实验安全隐患以及防范措施，在融入实验安全教育的同时，让学生充分理解芳香烃的亲电取代反应过程，做到知其然更知其所以然，培养学生科学思维方式。

课后，延伸思政教育，以"请谈谈芳香烃亲电取代反应的定位规律在有机合成上的应用"为题，组织学生讨论，引导学生理论联系实际，树立知行合一的人生观。

4. 具体教学设计

【活动一】 课前准备

发布任务，要求学生自主学习芳香烃的亲电取代反应，提高线下课堂教学的效率。

【活动二】 课程导入

按照图 2-5，以"DDT 发明者获得诺贝尔奖，25 年后 DDT 却被全球禁用，21 世纪初，世卫组织又呼吁重新使用 DDT 抗疟"为切入点，抛出问题让学生讨论：DDT 究竟是良药还是毒物？教育学生要用自然辩证法的眼光看待问题。在给出 DDT 分子的合成路径后，引出新课——芳香烃的亲电取代反应。

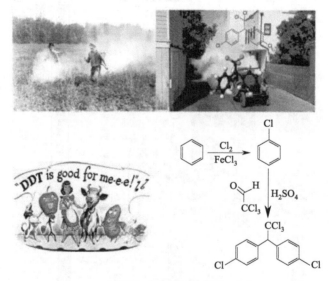

图 2-5　DDT 案例导课

思政元素：科学是一把双刃剑，培养学生科学伦理意识。

【活动三】 指点迷津：苯环结构特点

教师在讲新课前，提出问题：合成 DDT 第一步时，为什么苯环不像传统的烯烃那样与氯气发生加成反应呢？苯环的结构难道不是单双键交替的？随后教师强调苯环是大π键共轭结构，并非单双键交替的环己三烯结构，苯环稳定的大π键结构使得它难于发生氧化或加成反应。讲述完上述内容后，教师话锋一转，给学生说明科学家凯库勒认为苯是单双键交替的环状结构虽不正确，但其所提出的苯的环状构型却具有跨时代的重要意义。

思政元素：培养学生敢于突破、敢于创新的科学精神。

【活动四】 知识点讲授：芳香烃的亲电取代反应类型

以最简单的芳香烃——苯为例，教师讲授发生在苯环上的4种典型亲电取代反应：卤化反应、硝化反应、磺化反应和傅-克反应（傅-克烷基化反应、傅-克酰基化反应）。每种反应类型按照反应条件、反应产物、反应活性、注意事项等知识脉络进行讲解，让学生在清晰的条理中吸取新知识。其中，在讲授反应注意事项时，以傅-克酰基化反应为例，引导学生分析实验安全隐患以及防范措施，教育学生实验安全无小事，培养学生预判实验风险的能力。

思政元素：树立安全意识，培养学生预判实验风险的能力。

【活动五】 知识点讲授：芳香烃的亲电取代反应机理

在比较亲电加成产物和亲电取代产物的能量差异中，讲授芳香烃的亲电取代反应机理。通过物质的能量越低越稳定的科学道理，让学生充分理解芳香烃的亲电取代反应过程，做到知其然更知其所以然。

思政元素：培养学生科学思维方式。

【活动六】 知识点讲授：芳香烃亲电取代反应的定位规律

以一元取代苯为例讲授二元取代反应产物的定位规律，让学生能准确区分邻对位活化定位基、间位定位基、邻对位钝化定位基，并准确写出产物。

【活动七】 随堂练习，归纳总结

发布随堂练习，检测学生对知识的掌握程度。依托思维导图，教师总结本节知识点，并结合作业，实现知识升华。

【活动八】 课后讨论，思政延伸

发布课后讨论题：请谈谈芳香烃亲电取代反应的定位规律在有机合成上的应用，引导学生将理论知识转化为实际应用。

思政元素：培养学生知行合一的人生观。

案例 4
卤代烃

1. 教学目标

知识目标

(1) 掌握卤代烃的概念、分类和命名。
(2) 掌握卤代烃的性质和重要反应。
(3) 掌握亲核取代反应的主要历程及影响因素。
(4) 掌握卤代烃的制备方法和主要用途。

能力目标

(1) 具备从卤代烃的结构判断其性质的能力。
(2) 具备分析亲核取代反应历程和影响因素的能力。

思政目标

(1) 培养学生责任意识，树立正确的人生观。
(2) 增强学生环保意识，培养绿色化学理念。
(3) 提高团队协作意识，增强团队执行力。

2. 教学素材

(1) 新闻：国家关于"限塑令"政策的实施。
(2) 新闻：氯乙烷在世界杯中的应用。
(3) 故事：浪子回头金不换——格利雅的科学故事。
(4) 视频：格氏试剂的制备。
(5) 案例：镇痛药物盐酸美沙酮的合成。
(6) 案例：农药和氟利昂等的应用与弊端。

3. 课程思政的设计思路

如图 2-6 所示，课前，通过学习通发布学习任务，要求学生查找资料，了解塑料袋的主要成分以及合成该成分的单体，为课中教学做准备。

课中，教师利用国家颁布"限塑令"和氯乙烷在世界杯中的应用两个新闻导入新课，

图 2-6 课程思政设计思路

并组织学生讨论：国家为什么要实施"限塑令"？塑料袋的主要成分是什么？它是由什么单体聚合而成的？世界杯中队医给受伤队员喷的是什么"神药"？润物细无声地引入"绿色化学，保护环境，造福人类"的思政元素。然后教师讲授卤代烃的分类、命名规则、性质及同分异构现象，通过小组讨论法和合作学习法，进一步巩固完成知识的内化。教师在讲授卤代烃与金属镁反应形成格林试剂的知识点时，讲述浪子回头金不换——格利雅的科学故事，教育学生在未来的工作和生活中要坦然面对错误，只要知错能改，任何时候都为时不晚，引导学生树立正确的世界观、人生观和价值观。最后，教师通过案例教学，如镇痛药物盐酸美沙酮的合成、农药和氟利昂等的应用与弊端，培养学生用辩证的思维能力去看待社会生活中的现象，并进一步强调绿色环保的重要性，提醒学生对于卤代烃的使用必须做到安全、规范和科学，以避免危害人类健康和环境，同时，推动社会可持续发展。

课后，要求学生在完成作业的同时，画出本章思维导图，培养学生逻辑分析和推理能力。

4. 具体教学设计

【活动一】 课前准备

发布任务，要求学生自主学习卤代烃，绘制思维导图初稿。

【活动二】 课程导入

按照图 2-7，教师以国家规定 2008 年 6 月 1 日开始禁止超市免费向顾客提供塑料购物袋的新闻为切入点，抛出问题让学生讨论：国家为什么要实施"限塑令"？塑料袋的主要成分是什么？它是由什么单体聚合而成的？和学生第一次互动完毕后，教师继续抛出问题让学生讨论作答：2022 年卡塔尔世界杯上球员受伤倒地后，队医喷的"神药"是什么？在学生给出正确答案后，引出新课——卤代烃，组织学生学习卤代烃的定义。

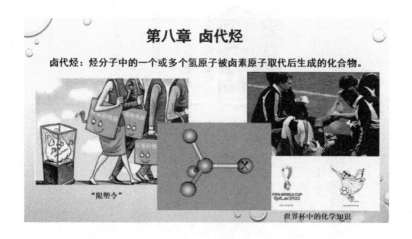

图 2-7 导课示意图

思政元素：减少白色污染，共同保护地球环境。

【活动三】 知识点讲授：**卤代烃的分类、命名规则、同分异构现象及物理性质**

教师讲授卤代烃的分类、命名规则、同分异构现象及物理性质，然后通过分组讨论和课堂练习的形式，帮助学生巩固这些知识，让学生做到对所学内容当堂消化、当堂理解、当堂巩固，学会学以致用，在团队协作中培养学生分析问题、解决问题的综合能力。

思政元素：提升团队协作能力和执行力。

【活动四】 知识点讲授：**卤代烃的化学性质（1）**

教师重点讲解卤代烃的消除反应、与金属反应、还原反应等，并通过例题、练习等方式强化学生对知识的掌握。

当教师讲授到卤代烃与金属镁的反应形成格氏试剂时，给学生讲述格氏试剂的发明者法国化学家 Victor Grignard 的成长经历，由纨绔子弟经过浪子回头而成为诺贝尔化学奖获得者的故事，教育学生任何时候改正错误走正确的道路都为时不晚。同时鼓励学生热爱学习、努力钻研、大胆创新。接着通过视频让学生观看格氏试剂的制备，拓展学生的知识面，让学生了解格氏试剂制备时的操作要领和方法。

思政元素：树立正确的世界观、人生观、价值观。

【活动五】 知识点讲授：**卤代烃的化学性质（2）**

卤代烃的亲核取代反应是本章重点知识之一。教师以卤代烃和亲核试剂的结构特点为切入点，引导学生认识亲核取代反应的本质，培养正确的思维方法。在分析亲核取代反应 SN_1 和 SN_2 历程后，组织学生讨论影响亲核取代活性的因素，进一步培养学生分析问题的思维能力。镇痛药物盐酸美沙酮的合成是利用卤代烃的亲核取代反应制备而成的，教师利用这个案例，鼓励学生努力学习专业知识，用知识与创新造福人类。

思政元素：树立崇高理想，努力学习，提高个人素质，争做创新型人才。

【活动六】 知识点讲授：**重要的卤代烃**

通过案例教学（见图 2-8），让学生了解溴甲烷、四氯化碳、六六六、氟利昂等卤代烃的应用，强调化学试剂的利与弊，如农药和氟里昂的使用，突出绿色环保的重要性，培养学生用辩证思维能力去看待社会生活中的现象。

重要的卤代烃

① 溴甲烷：具有强烈的神经毒性，是常用的熏蒸杀虫剂。
② 四氯化碳：有毒，可用作熏蒸杀虫剂。
③ 六六六：有机氯杀虫剂，对人、畜都有较大毒性，现已禁止使用。
④ 氟利昂：二氟二氯甲烷 CCl_2F_2，可作制冷剂，但破坏臭氧层。

图 2-8　绿色化学之思政元素

思政元素：发展绿色化学，创造可持续未来。

【活动七】 课堂小结，布置任务

总结本章知识点，布置作业，并在学习通发布课后练习，要求学生完善课前思维导图，理顺知识脉络。

案例 5
苯酚

1. 教学目标

知识目标
(1) 掌握酚的定义、命名和分类。
(2) 理解苯酚的结构。
(3) 掌握苯酚的主要化学性质。

能力目标
(1) 会分析苯酚酸性强于醇、酚苯环上亲电取代活性增大的原因。
(2) 能运用定位基效应、电子效应分析取代酚的酸性变化。
(3) 认识有机物结构与性质的关系。

思政目标
(1) 树立学生民族自豪感。
(2) 培养学生辩证思维能力和类比思维方法。
(3) 增强学生职业道德,树立绿色化学理念。

2. 教学素材
(1) 视频:中国茶艺及其相关习俗申遗成功。
(2) 科普:外科消毒之父里斯特发明"苯酚消毒法"。

3. 课程思政的设计思路

如图 2-9 所示,为了给线下课堂教学做好准备,教师通过学习通发布课前学习任务,要求学生复习醇、苯的结构和化学性质;查找资料,了解苯酚消毒法的有关知识。

课中,教师利用新闻"中国传统制茶技艺及其相关习俗申遗成功",引导学生了解我国的茶文化,培养学生民族自豪感,在提问学生"为什么喝茶能提神醒脑"中导入新课——酚。随后教师讲授酚的命名、分类,并以苯酚为例,采用类比教学法、讲练教学法,让学生在理解苯酚结构特点的基础上掌握苯酚的化学性质,培养学生辩证思维能力和类比思维方

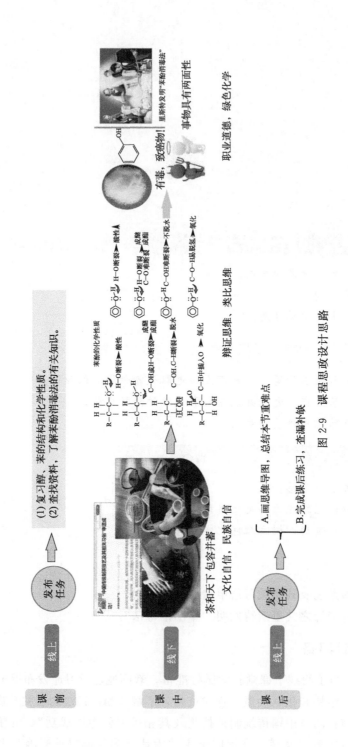

图 2-9 课程思政设计思路

法。最后介绍苯酚用途时，补充外科消毒之父里斯特发明"苯酚消毒法"，从事物都具有两面性的哲学原理出发，教育学生要增强职业道德，树立绿色化学理念。

4. 具体教学设计

【活动一】 课前准备

发布任务，要求学生复习醇、苯的结构和化学性质；查找资料，了解苯酚消毒法的有关知识。

【活动二】 课程导入

教师以北京时间 2022 年 11 月 29 日晚，"中国传统制茶技艺及其相关习俗"在摩洛哥拉巴特召开的联合国教科文组织保护非物质文化遗产第 17 届常会上通过评审，列入联合国教科文组织人类非物质文化遗产代表作名录的新闻为切入点，向学生传达在成熟发达的传统制茶技艺中，体现着中华民族的创造力和文化多样性，蕴含着茶和天下、包容并蓄的理念。随后，话锋一转问学生：为什么喝茶能提神醒脑？在学生说出茶多酚后，教师导入新课——酚。

思政元素：树立学生的民族自豪感。

【活动三】 知识点讲授：酚的定义、命名和分类

以小组为单位，组织学生自学。在课堂练习中，教师检查学习效果，并进行串讲、答疑解惑。

【活动四】 知识点讲授：苯酚的结构

先分析苯酚的结构特点，并将酚的结构与醇、苯的结构进行比较/类比，综合考虑苯环和酚羟基之间相互影响，推测苯酚的主要性质。

思政元素：培养学生辩证思维能力和类比思维方法。

【活动五】 知识点讲授：苯酚的化学性质

如图 2-10 所示，先从结构上复习醇的化学性质，然后指导学生从苯酚的结构上分析苯酚的主要化学性质，得到结论：与醇相比，两同一异一增强（两同：成醚成酯、易氧化；一异：醇易脱水，苯酚不脱水；一增强：苯酚酸性比醇强）。

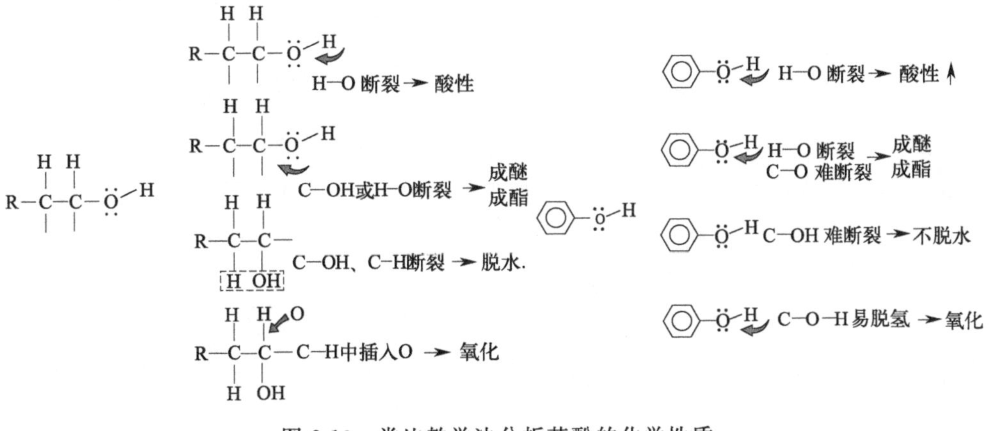

图 2-10 类比教学法分析苯酚的化学性质

【活动六】 知识点深化：苯酚的化学性质

如图 2-11 所示，分别从苯环对羟基影响、羟基对苯环影响两个角度进一步分析苯酚的化学性质、让学生进一步体会结构决定性质、性质体现结构的化学思维，在增加学生对苯酚化学性质理解的基础上，培养学生抓住事物本身、提升思考能力的科学素质。接着，讲解例题、发布随堂练习，升华知识。

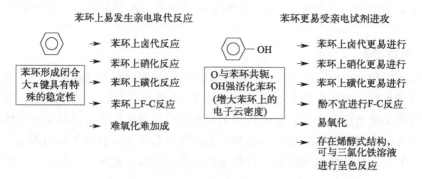

图 2-11 结构分析深化苯酚化学性质

思政元素：抓住事物本身，提升思考能力。

【活动七】 知识点讲授：苯酚的用途

组织学生自学苯酚用途，强调苯酚有毒，已被世界卫生组织列为 3 类致癌物，同时与学生一起重温外科消毒之父里斯特发明"苯酚消毒法"的科普知识，指出：凡事都有两面性，苯酚也不例外。用得好，造福人类，用得不好，危害人类，教育学生增强职业道德，树立绿色化学理念。

思政元素：增强职业道德，树立绿色化学理念。

【活动八】 课堂小结，布置任务

总结本节知识点，布置作业，并在学习通发布课后练习，要求学生绘制思维导图，培养学生逻辑分析和推理能力。

案例 6
醚

1. 教学目标

知识目标

(1) 掌握醚的结构和分类。
(2) 掌握醚的命名方法。
(3) 掌握醚的主要物理性质和化学性质。
(4) 掌握乙醚、环氧乙烷的用途及使用注意事项。

能力目标

(1) 具备区分醇、酚、醚主要性质的能力。
(2) 具备运用醚的性质解决实际问题的能力。

思政目标

(1) 弘扬爱国主义精神,激发学生民族自豪感,坚定文化自信。
(2) 树立生命至上、安全第一的意识。
(3) 守法守纪守公德,倡导文明新风尚。

2. 教学素材

(1) 视频:解码科技史——莫顿用乙醚进行麻醉,成功地为病人拔除了一颗坏牙。
(2) 知识简介:最早的麻醉药——麻沸散。
(3) 报道:小心长期存放的乙醚、四氢呋喃!

3. 课程思政的设计思路

如图 2-12 所示,课前,发布学习任务,要求学生上网查找与麻醉剂发展史有关的资料并回答两个问题:(1) 10 月 16 日被定为"世界麻醉日",这是为什么?(2) 世界上第一种麻醉剂在哪个国家诞生?学生在给出答案时,教师要顺势强调:乙醚的麻醉作用对人类文明的进步具有划时代的意义;中国是世界上第一种麻醉剂的发明和使用国,中华文明为人类文明进步做出重大贡献。在课前知识拓展中,开始思政融合。

图 2-12 课程思政设计思路

课中，以问题导入：1846 年 10 月 16 日，牙医威廉·莫顿使用什么气体完成了世界上第一例成功的医疗麻醉公开演示？学生说出乙醚后，教师再次弘扬爱国主义精神，强调华佗是世界上第一种麻醉剂的研制和使用者，其使用"麻沸散"进行手术要比西方医学家早 1600 年左右，将中华优秀传统文化厚植在学生心中，坚定文化自信。接着，发挥学生主体作用，指导学生学习醚的结构、分类、命名和理化性质。其中，以 2006 年加州大学伯克利分校（UC Berkeley）实验室爆炸案为例，将安全教育与醚类物质的正确储藏方式和蒸馏流程无缝对接，学习专业知识的同时，灌输生命至上、安全第一的思政教育。最后，在讲授重要的醚这个知识点时，明确告知学生私自使用乙醚的麻醉作用是违法的，教育学生做一名遵纪守法的好公民，树立学生正确的三观。

课后，要求学生在完成章节小测的同时，画出本章思维导图，培养学生逻辑分析和推理能力。

4. 具体教学设计

【活动一】 课前准备

组织学生上网查找与麻醉剂发展史有关的资料并回答两个问题：（1）10 月 16 日被定为"世界麻醉日"，这是为什么？（2）世界上第一种麻醉剂在哪个国家诞生？

思政元素：弘扬爱国主义精神。

【活动二】 课程导入

教师提问：1846 年 10 月 16 日，牙医威廉·莫顿使用什么气体完成了世界上第一例成功的医疗麻醉公开演示？学生说出乙醚这个答案后，教师顺势强调华佗是世界上第一种麻醉剂的研制和使用者，其使用"麻沸散"进行手术要比西方医学家早 1600 年左右。无痕融入思政教育，将中华优秀传统文化厚植在学生心中，坚定文化自信。

思政元素：激发学生民族自豪感，坚定文化自信。

【活动三】 知识点讲授：醚的结构、分类、命名和物理性质

自主学习、随堂练习、教师点拨的方式完成这部分教学，在培养学生自主学习能力的同时内化知识。

【活动四】 知识点讲授：醚的化学性质

引导学生学习醚的 3 种化学性质：𬭩盐的生成、醚链的断裂、过氧化物的生成。接着教师介绍 2006 年加州大学伯克利分校（UC Berkeley）发生的一起实验室爆炸事故，在组织学生分析爆炸原因时，强化醚长期与空气接触，会慢慢生成不挥发的过氧化物，过氧化物不稳定，遇热易爆炸的知识点后，指导学生学习醚类储藏方式以及蒸馏醚类物质前检验是否有过氧化物存在的方法，教育学生科学严谨、操作规范是确保实验安全的第一要素。

思政元素：生命至上，安全第一。

【活动五】 知识点讲授：重要的醚

组织学生讨论乙醚、环氧乙烷的用途及使用注意事项。在这里教师特别强调：（1）乙醚、环氧乙烷均有毒，注意规范操作，做好自我和环境保护。（2）乙醚是吸入性麻醉药品，乙醚只有在手术室全麻手术时才应用，私自使用乙醚的麻醉作用是违法的，教育学生做一名遵纪守法的公民。

思政元素：守法守纪守公德，倡导文明新风尚。

【活动六】 归纳总结，布置作业

对比醇、酚、醚知识点，帮助学生厘清三者之间的区别与联系，布置作业，并在学习通上发布章节小测及绘制思维导图，培养学生逻辑分析和推理能力。

案例 7
醛和酮的化学性质

1. 教学目标

知识目标

(1) 掌握醛的主要化学反应。
(2) 掌握酮的主要化学反应。

能力目标

(1) 能从羰基的结构出发分析醛、酮的化学性质。
(2) 能分析醛、酮的亲核加成反应机理。
(3) 会运用醛、酮主要化学反应解决实际问题。

思政目标

(1) 培养发散思维，提升科学素养。
(2) 强化透过现象看本质的方法论。
(3) 激励民族自豪感和爱国主义情怀。

2. 教学素材

(1) 人物报道：黄鸣龙。
(2) 知识简介：Wolff-Kishner-黄鸣龙反应法。

3. 课程思政设计思路

如图 2-13 所示，课前，发布学习任务，要求学生自主观看教学视频，预习醛、酮化学性质。

课中，围绕羰基结构特点，分析醛、酮化学性质。当分析羰基上的亲核加成反应时，教师采用案例教学法，培养学生举一反三的发散思维，提高科学素养。当分析到羰基上易发生还原反应时，重点介绍 Wolff-Kishner-黄鸣龙反应，突出我国科学家黄鸣龙先生在这方面做出的巨大贡献，并介绍黄鸣龙先生的"三次出国，三次回国"的感人事迹，以科学家精神激励学生民族自豪感和爱国主义情怀。同时，教师在分析化学反应机理时，让学生潜移默化地

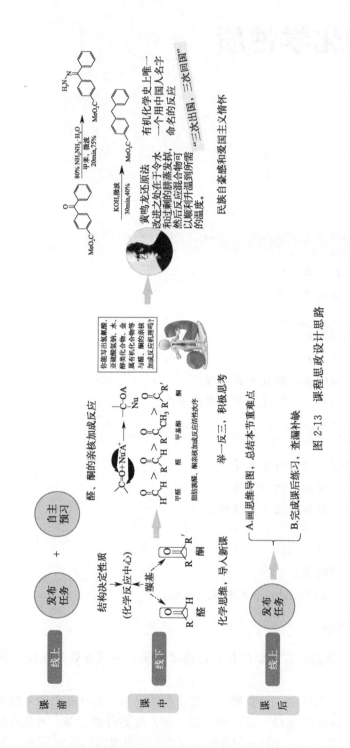

图 2-13 课程思政设计思路

意识到不同的醛、酮在化学反应的表现形式上虽有差别，但反应的基本原理却是一样的，培养学生透过现象看本质的哲学思想。

课后，要求学生画出本节思维导图，完成课后练习，在培养学生逻辑分析和推理能力的同时，帮助学生巩固知识。

4. 具体教学设计

【活动一】 课前准备

发布任务，要求学生自主学习醛、酮的化学性质，充分发挥学生的学习主动性，留疑存惑，保证线下课堂学习的高效率。

【活动二】 课程导入

分析物质结构，学生很容易发现醛和酮的相同点是都有羰基官能团，结构决定性质，从而导入羰基是醛和酮的化学反应中心，它们相关的化学反应都围绕羰基这一官能团发生。

【活动三】 知识点讲授：亲核加成反应

羰基是一个极性官能团，羰基碳原子带部分正电荷，容易受到一系列亲核试剂的进攻而发生加成反应。能发生亲核加成反应的亲核试剂有：氢氰酸、亚硫酸氢钠、水、醇类化合物、金属有机化合物以及胺和氨的衍生物等。教师讲授上述知识后，以氢氰酸为例，详细介绍与醛、酮的亲核加成反应机理，其他亲核试剂与醛、酮反应则让学生举一反三，自己写出机理，以主动学习代替被动学习。

思政元素：培养发散思维，提升科学素养。

【活动四】 知识点讲授：α-活泼氢引起的反应

仍然从羰基碳原子带部分正电荷角度进行分析。因为羰基上碳带较强的正电荷，所以易发生诱导效应，导致邻位亚甲基上的碳也缺电子，故 α-H 呈现一定的酸性。教师带领学生分析出 α-活泼氢引起的化学反应机理后，结合实例介绍羟醛缩合反应、曼尼希反应以及卤代反应（卤仿反应），并进行小结，让学生理解虽然不同的醛、酮在化学反应的表现形式上有差别，但反应的基本原理却是一样的，教育学生要学会透过现象看本质。

思政元素：强化透过现象看本质的方法论。

【活动五】 知识点讲授：氧化和还原反应

共性和个性是一切事物固有的本性。醛基中的羰基易发生氧化反应，使醛基被氧化为羧酸，如斐林试剂、托伦试剂都可以将醛氧化为羧酸。但是酮类化合物中的羰基不易被氧化，需要较强的氧化剂才能发生碳碳键断裂的氧化反应。

相比于羰基发生氧化反应，羰基更易发生还原反应，如可以被金属氢化物还原为醇；可以被还原为亚甲基，如 Wolff-Kishner-黄鸣龙反应法。在解释什么是 Wolff-Kishner-黄鸣龙反应法时，教师重点介绍我国有机化学家黄鸣龙先生在将羰基还原为亚甲基反应中所做的贡献，并向学生介绍黄鸣龙先生的"三次出国，三次回国"的感人事迹，教育学生要有一颗学成报效国家的赤子之心（见图 2-14）。

思政元素：以科学家精神激励学生民族自豪感和爱国主义情怀。

【活动六】 知识点讲授：其他反应

除了上述三类反应外，羰基还可以与季膦盐发生魏悌希（Wittig）反应，羰基化合物之

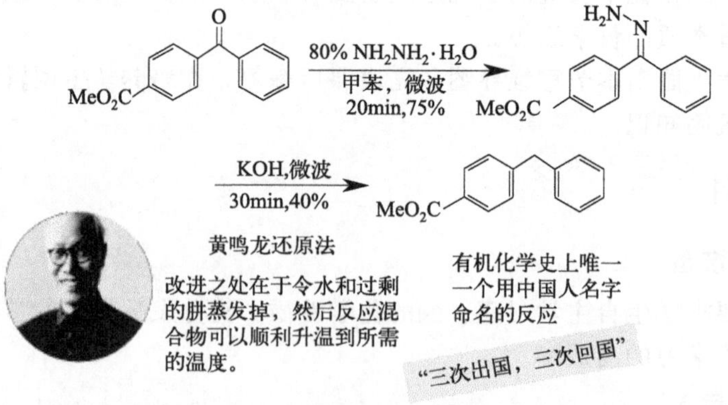

图 2-14 黄鸣龙先生的贡献

间发生安息香缩合反应，在例题中让学生理解反应过程。

【活动七】 知识点巩固：随堂练习

布置随堂练习、组织学生讨论、安排小组作答，发现知识理解的薄弱环节后，教师及时查漏补缺。

【活动八】 归纳总结，布置作业

总结本节知识。从深层次的羰基结构出发总结至表面上的化学反应，强化结构决定性质的化学思维。布置课后作业，要求学生画思维导图，巩固加深知识。

案例 8
生物碱

1. 教学目标

知识目标

（1）知道生物碱的定义、结构和分类。
（2）知道生物碱的理化性质。
（3）知道生物碱与中医药的关系，并了解若干中医药中常见的生物碱。

能力目标

（1）会运用生物碱的化学性质解决实际问题。
（2）会根据生物碱的结构判断碱性强弱。
（3）会根据实际情况判断影响生物碱碱性的因素。

思政目标

（1）坚定文化自信，培养学生民族自豪感。
（2）培养学生学以致用的能力。
（3）建立中华民族现代文明的使命感。

2. 教学素材

（1）故事：李时珍与《本草纲目》。
（2）科普知识：生物碱对人体保健的作用。
（3）科普知识：生物碱提取和分离方法。

3. 课程思政的设计思路

如图 2-15 所示，课前，布置作业，要求学生预习生物碱，并查阅资料了解生物碱与中医药之间的关系，为线下课中学习做好准备。

课中，以李时珍的《本草纲目》为案例，引导学生了解中国传统文化"中医"在治疗疾病方面做出的突出贡献，培养学生从化学专业的角度认识中医药，增强学生民族自豪感，并以问题"中医药中包含哪些有机化学知识"引出新课。接着，教师开始讲授生物碱概述、结

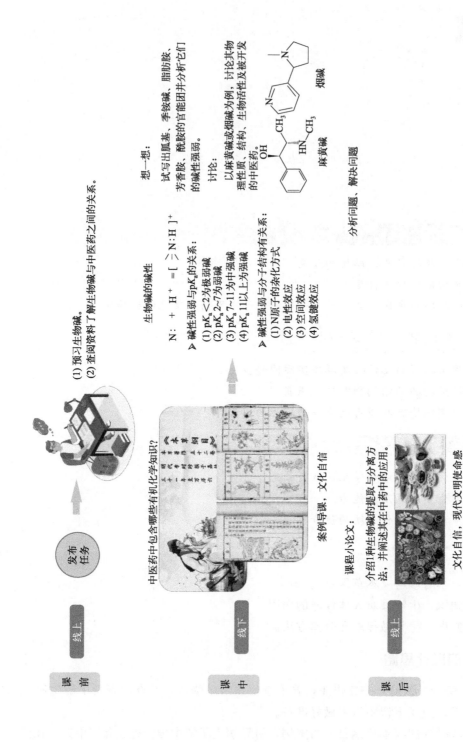

图 2-15 课程思政设计思路

构和分类、理化性质、生物碱于中医药方面的实际应用等专业知识，并润物无声地开展思政教育。如：在指导学生学习理化性质时，采用启发引导法，帮助学生将前面章节中学习的有机化学知识迁移到新学知识中，培养学生学以致用的能力。再如：在组织学生学习生物碱在中医药方面的实际应用时，充分发挥学生主观能动性以及数字化教学的便利，在学生上网收集资料、讨论内化知识的同时让学生再次领略博大精深的中医药文化，树立文化自信和专业自信。

课后，通过布置课后小论文：含生物碱的中药有哪些？列举1种生物碱，介绍其提取与分离方法，并阐述其在中药中的应用，理论与实际相结合拓宽学生视野，强化文化自信及中华民族现代文明的使命感，升华思政教育。

4. 具体教学设计

【活动一】 课前准备

发布任务，要求学生预习生物碱，并查阅资料了解生物碱与中医药之间的关系。

【活动二】 课程导入

李时珍的《本草纲目》不仅为我国药物学的发展做出了重大贡献，而且对世界医药学、植物学、动物学、矿物学、化学的发展也产生了深远的影响。教师以被誉为"东方医药巨典"的《本草纲目》为案例，引导学生了解中国传统文化"中医"在治疗疾病方面做出的突出贡献，培养学生从化学专业的角度认识中医药，增强学生的民族自豪感。随后教师抛出问题：中医药中包含哪些有机化学知识？从而引出新课——生物碱。

思政元素：坚定文化自信，培养学生民族自豪感。

【活动三】 知识点讲授：生物碱概述、结构和分类

生物碱是一类含氮的天然有机化合物（不包括蛋白质、肽类、氨基酸和维生素等含氮化合物）的总称。教师在给出上述定义后，组织学生阅读教材，了解生物碱在植物界的分布、生物活性和生物碱的化学结构分类法。

【活动四】 知识点讲授：生物碱的理化性质

重点讲授生物碱的化学性质：碱性、沉淀反应、显色反应。当讲授生物碱的碱性及碱性与分子结构的关系时，教师采用启发引导法，让学生完成知识迁移，理解常见生物碱碱性规律及影响碱性的因素。

思政元素：培养学生学以致用的能力。

【活动五】 知识点讲授：生物碱于中医药方面的实际应用

以麻黄碱、烟碱、咖啡碱等为例，引导学生以小组为单位上网收集材料，然后参与讨论，讨论生物碱的物理性质、结构、生物活性及被开发的中医药。通过案例教学，培养学生分析问题、解决问题的能力，以及领略博大精深的中医药文化，树立文化自信。

思政元素：在文化自信下，培养学生分析问题、解决问题的能力。

【活动六】 知识小结，思政延伸

归纳本节知识，布置作业和课后小论文：介绍1种生物碱的提取与分离方法，并阐述其在中药中的应用。理论与实际结相合拓宽学生视野，强化文化自信及中华民族现代文明的使命感。

思政元素：建立中华民族现代文明的使命感。

案例 9
萜类化合物

1. 教学目标

知识目标

（1）了解萜类化合物的分类。
（2）知道萜类的代表性化合物。

能力目标

（1）会应用"异戊二烯规则"对萜类化合物进行分类。
（2）能列举出代表性的萜类化合物。

思政目标

（1）建立文化自信和民族自豪感。
（2）培养勤于钻研、敬业奉献、坚持不懈的科学精神。

2. 教学素材

（1）视频：屠呦呦发现的青蒿素，挽救了数百万生命，获得诺贝尔生理学或医学奖。
（2）人物报道：屠呦呦。

3. 课程思政设计思路

如图 2-16 所示，课前，要求学生预习萜类化合物，并参与话题讨论：你知道屠呦呦与青蒿素的不解之缘吗？推动学生查找资料，了解科学家屠呦呦的事迹。

课中，组织学生观看视频，"屠呦呦发现的青蒿素，挽救了数百万生命，获得诺贝尔生理学或医学奖"，激发学生民族自豪感。教师给出青蒿素结构式，提问：青蒿素属于哪类有机物？引出本节新课——萜类化合物。接着教师讲授本节重点知识：萜类化合物的结构和分类，在列举和分析单萜、倍半萜、二萜、三萜、四萜代表性化合物结构式，帮助学生理解"异戊二烯规则"时，完成知识内化。随后，教师组织学生查阅文献，归纳萜类化合物的提取与分离方法，在抛出问题"屠呦呦带领团队是如何从中药黄花蒿中提取到抗疟剂有效成分青蒿素"后，向学生介绍屠呦呦研究团队锲而不舍、克服种种困难，

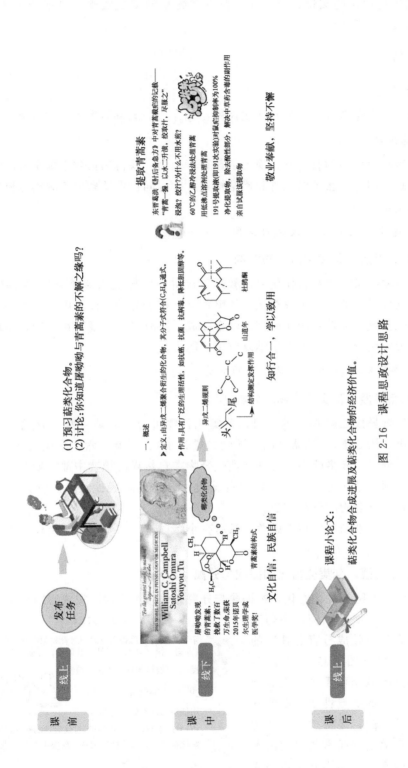

图 2-16 课程思政设计思路

利用乙醚的低沸点性质，低温萃取到青蒿素并以身试药的感人事迹，教育学生青蒿素的成功离不开中国传统中医药文化、离不开坚持不懈简单的重复实验、离不开开拓与创新，实现本节课思政元素的升华。

4. 具体教学设计

【活动一】 课前准备

要求学生预习萜类化合物，并参与话题讨论：你知道屠呦呦与青蒿素的不解之缘吗？

【活动二】 课程导入

播放视频：屠呦呦发现的青蒿素，挽救了数百万生命，获得诺贝尔生理学或医学奖。激发学生民族自豪感的同时，教师给出青蒿素结构式，并提问：青蒿素属于哪类有机物？从而导入新课——萜类化合物。

思政元素：建立文化自信和民族自豪感。

【活动三】 知识点讲授：萜类化合物的结构

给出萜类化合物定义、存在、作用后，教师重点讲授"异戊二烯规则"，在举例中让学生理解萜类化合物分子中的碳原子数都是5的整数倍，整个分子是以异戊二烯为基本骨架单元，由两个或多个异戊二烯首尾相连或相互聚合而成。同时强调该规则在未知萜类成分的结构测定中具有很大应用价值，培养学生学以致用的能力。

思政元素：培养知行合一、学以致用的能力。

【活动四】 知识点讲授：萜类化合物的分类

根据分子中所含异戊二烯单位的数目，萜类化合物可分为单萜（两个异戊二烯分子）、倍半萜（三个异戊二烯分子）、二萜（四个异戊二烯分子）、三萜（六个异戊二烯分子）、四萜（八个异戊二烯分子）和多萜类。每种萜类化合物在自然界的植物中都大量存在，种类很多，结构丰富。教师按结构分类详细介绍每种萜类化合物的代表性天然产物，从简单到复杂，让学生理解萜类化合物的分类方法。

教师发布练习题，推动学生独立思考，然后在小组讨论、教师纠错总结环节中完成知识内化。

【活动五】 知识点讲授：萜类化合物的提取与分离

以小组为单位，上网查找萜类化合物提取与分离方法，师生协同完成归纳总结。紧接着教师以"屠呦呦带领团队是如何从中药黄花蒿中提取到抗疟剂有效成分青蒿素"的问题回归屠呦呦案例（图2-17），并向学生介绍屠呦呦研究团队锲而不舍、克服种种困难，利用乙醚的低沸点性质，低温萃取青蒿素后，以身试药，终得抗疟疾药物的感人事迹，教育学生青蒿素的成功离不开中国传统中医药文化、离不开坚持不懈简单的重复实验、离不开开拓与创新。

提取青蒿素

东晋葛洪《肘后备急方》中对青蒿截疟的记载——"青蒿一握，以水二升渍，绞取汁，尽服之"

浸泡？绞汁？为什么不用水煎？

60℃的乙醇冷浸法处理青蒿

用低沸点溶剂处理青蒿

191号提取液（即191次实验）对鼠疟抑制率为100%

净化提取物，除去酸性部分，解决中草药含毒的副作用

亲自试服该提取物

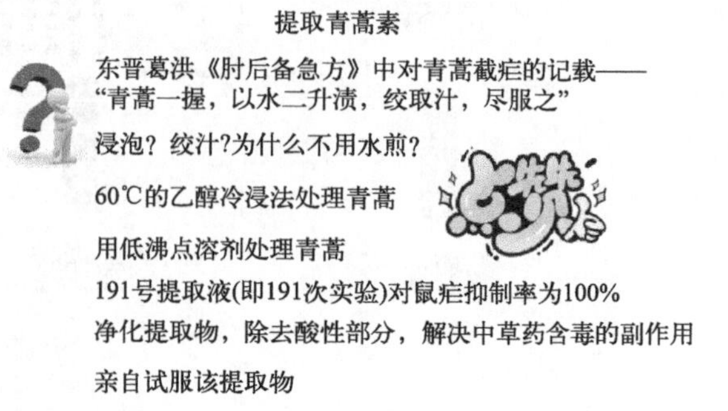

图2-17 科学精神

思政元素：培养勤于钻研，敬业奉献，坚持不懈的科学精神。

【活动六】 总结归纳，课后延伸

总结本节知识点。要求学生查找资料，了解萜类化合物合成进展及萜类化合物的经济价值，书写课程论文。

案例 10
多肽和蛋白质

1. 教学目标

知识目标

(1) 了解多肽的命名和结构。
(2) 了解肽键的合成方法。
(3) 知道多肽的代表性化合物。
(4) 了解蛋白质的分类和分子结构。

能力目标

(1) 能给多肽化合物命名。
(2) 能说出多肽的结构特点。
(3) 能说出蛋白质的分子结构。

思政目标

(1) 培养勤于思考、敢于创新的科学精神。
(2) 摒弃功利心,秉持为国家做贡献的团队精神。
(3) 激发民族自豪感和爱国主义情怀。

2. 教学素材

(1) 人物报道:梅里菲尔德、桑格等科学家的生平。
(2) 新闻:世界首例人工合成牛胰岛素。

3. 课程思政的设计思路

如图 2-18 所示,课前,要求学生预习多肽和蛋白质,并查阅资料,了解梅里菲尔德、桑格等科学家的生平及人工合成牛胰岛素等方面的报道,为线下学习做准备。

课中,紧紧围绕多肽和蛋白质的基本知识展开教学,同时融合思政教育。如在讲授肽键的合成方法时给学生介绍 1984 年诺贝尔化学奖获得者罗伯特·布鲁斯·梅里菲尔德发明的固相多肽合成法,该方法推动了新药物和遗传工程的快速发展。讲授蛋白质一级结构时列举

图 2-18 课程思政设计思路

牛胰岛素，由此向学生介绍英国科学家桑格在确定牛胰岛素中氨基酸的组成和排列顺序的贡献，以及因设计出一种测定 DNA（脱氧核糖核酸）内核苷酸排列顺序的方法而两次荣获诺贝尔化学奖。在弘扬两位科学家的精神时培养学生勤于思考、敢于创新的科学精神。

1965 年，中国在世界上首次用人工方法合成了结晶牛胰岛素。这是中国科学院和北京大学联合攻关，经历六百多次失败、近二百步合成，才最终获得的成果。当教师讲完蛋白质的结构后，随即给学生介绍我国在蛋白质合成上的这项创举，激发学生民族自豪感和爱国主义情怀，以及摒弃功利心、秉持为国家做贡献的团队精神。

课后升华思政教育，组织学生讨论：20 世纪 50~60 年代，我国物资匮乏、科研条件简陋。但是，1960 年 11 月 5 日，中国仿制的第一枚导弹发射成功；1964 年 10 月 16 日中国第一颗原子弹爆炸成功；1965 年 9 月 17 日中国首次人工合成结晶牛胰岛素。这些都说明了什么问题？你从中学习到什么精神？再次触动学生思考，立志为我中华之强大努力奋斗。

4. 具体教学设计

【活动一】 课前准备

发布任务，要求学生预习多肽和蛋白质；查阅资料了解梅里菲尔德、桑格等科学家的生平，以及人工合成牛胰岛素等方面的报道。

【活动二】 课程导入

多肽在食品、药品等多个方面都具有很广泛的用途，比如现在使用比较多的单抗类药物本质上就是多肽，那什么是多肽呢？由此引入新课。

【活动三】 知识点讲授：基本概念

一个氨基酸的羧基与另一个氨基酸的氨基之间缩合脱水形成的酰胺类化合物称为二肽，写出反应通式后，介绍什么是肽键、三肽、四肽、五肽、寡肽（十肽以下的为寡肽）、多肽（大于十肽的为多肽）、肽平面等。

【活动四】 知识点讲授：多肽的结构和命名

围绕 N-末端、C-末端、肽链骨架等介绍多肽链的结构，然后在讲练结合中让学生掌握多肽的命名方法。

【活动五】 知识点讲授：肽键的合成方法

肽键的合成方法有混合酸酐法、活泼酯法和碳二亚胺法。由于氨基酸之间结构的相似性，合成时需要对羧基和氨基进行相应的保护，因此增加了反应的步骤和复杂性，但 1962 年罗伯特·布鲁斯·梅里菲尔德发明的固相多肽合成法，省时、简便、效率高，极大地推动了新药物和遗传工程的发展，为此梅里菲尔德荣获 1984 年诺贝尔化学奖。以梅里菲尔德勤于思考、敢于创新的科学精神激励学生。

思政元素：培养勤于思考、敢于创新的科学精神。

【活动六】 知识点讲授：蛋白质的分类和分子结构

蛋白质本质上是分子量较大（>10000）的多肽，是由多肽形成的具有复杂三维结构的生物活性大分子。教师铺垫完后，组织学生自学，从化学组成、性状、生理功能等角度了解蛋白质的分类。

每一种蛋白质都有稳定的构象，教师通过举例介绍一级结构、二级结构、三级结构，其中一级结构选择的例子是牛胰岛素。此时教师顺势介绍首次确定牛胰岛素一级结构的英国科学家——桑格,并简单介绍桑格因在确定牛胰岛素中氨基酸组成和排列顺序的贡献,以及因设计出一种测定 DNA(脱氧核糖核酸)内核苷酸排列顺序的方法两次荣获诺贝尔化学奖(见图 2-19)。

☐ 完整定序胰岛素的氨基酸序列,证明蛋白质具有明确构造
☐ 提出"双去氧终止法"
1958年及1980年两度获得诺贝尔化学奖,第一位获得两次诺贝尔化学奖的科学家。

桑格

图 2-19 桑格之成就

思政元素:继续弘扬科学家精神,强化勤于思考、敢于创新的科学精神。

【活动七】 知识拓展:人工合成牛胰岛素

见图 2-20,组织学生上网查找人工合成牛胰岛素的新闻,并参与讨论:人工合成牛胰岛素经历了哪些技术攻关?1965 年,中国在世界上首次用人工方法合成了结晶牛胰岛素,体现了中国科学家的哪些精神?

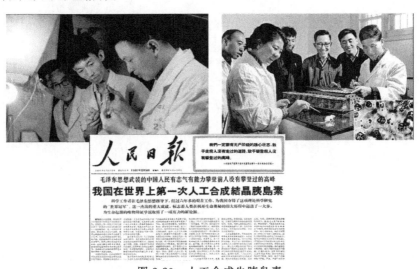

图 2-20 人工合成牛胰岛素

思政元素:培养民族自豪感,摒弃功利心,秉持为国家做贡献的团队精神。

【活动八】 总结归纳,思政延伸

绘制知识图谱,总结本节知识,并发布课后讨论题:20 世纪 50~60 年代,我国物资匮乏、科研条件简陋,但是 1960 年 11 月 5 日,中国仿制的第一枚导弹发射成功;1964 年 10 月 16 日中国第一颗原子弹爆炸成功;1965 年 9 月 17 日中国首次人工合成结晶牛胰岛素,这些都说明了什么问题?你从中学习到什么精神?

思政元素:激发爱国主义情怀,为我中华之强大努力奋斗。

第 3 章
分析化学课程思政教学设计

- 案例 1 ▶ 分析化学的定义、任务和作用
- 案例 2 ▶ 滴定分析法引论
- 案例 3 ▶ 酸碱质子理论
- 案例 4 ▶ 重铬酸钾法
- 案例 5 ▶ 沉淀滴定法
- 案例 6 ▶ 吸光光度法
- 案例 7 ▶ 分子荧光分析法
- 案例 8 ▶ 原子发射光谱法
- 案例 9 ▶ 气相色谱法
- 案例 10 ▶ 液相色谱法

案例 1
分析化学的定义、任务和作用

1. 教学目标

知识目标

知道分析化学的定义、任务和作用。

能力目标

具备对知识的迁移、归纳和总结能力。

思政目标

（1）培养认真细致、实事求是的科学态度。
（2）培养家国情怀和历史使命感。
（3）树立化学人的职业道德。

2. 教学素材

（1）微课：学前准备；分析化学的定义、任务；分析化学的作用。
（2）视频：韶关风光；土壤重金属元素检测。

3. 课程思政设计思路

如图 3-1 所示，课前，组织学生观看 3 个微课——学前准备；分析化学的定义、任务；分析化学的作用。在学前准备中，让学生明白分析化学的教学模式、课程评价，然后以荀子的"不积跬步，无以至千里；不积小流，无以成江海"这句话勉励学生重视平时学习。在分析化学的定义、任务以及分析化学的作用 2 个微课中，学生通过自主学习，掌握分析化学的定义、任务、作用等概念性知识。并且查阅资料进一步了解：分析化学在国民经济和科学研究中起着哪些重要作用。

课中，在串讲知识点的同时升华分析化学的定义和作用，培养学生追根寻源的科学思维能力。另外，以分析化学是实践性强的学科、分析化学在社会发展中发挥着重要作用为思政结合点，培养学生认真细致、实事求是的科学态度，激发学生历史使命感，树立为化学人的职业道德。

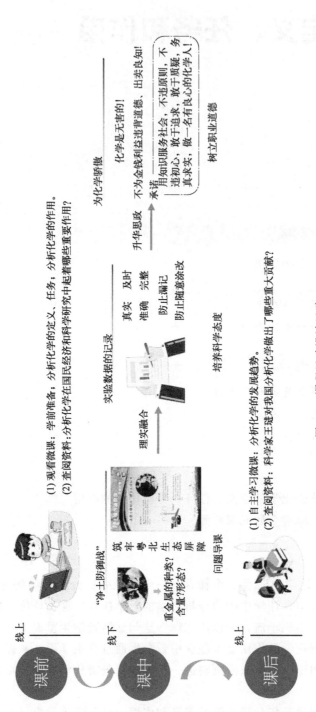

图 3-1 课程思政设计思路

课后，预习下节微课：分析化学的发展趋势。查找资料，了解科学家王琎对我国分析化学做出的重大贡献。

4. 具体教学设计

【活动一】 课前准备

（1）学生自主学习3个微课：学前准备；分析化学的定义、任务；分析化学的作用。（2）要求学生查阅资料：分析化学在国民经济和科学研究中起着哪些重要作用？

在"学前准备"中，详细介绍了分析化学的教学模式、学习要求、课程评价等，使学生在正式学习分析化学前做好思想准备，把握学习节奏。

思政元素：不积跬步，无以至千里；不积小流，无以成江海。

【活动二】 问题导课

播放韶关风光片，带领学生欣赏"韶关之美"。然后话锋一转，韶关是"中国有色金属之乡""中国锌都"，在为我国国防和经济做出巨大贡献的同时，矿区周边区域土壤遭到了不同程度的污染，为此韶关提出"净土防御战"，加快推进土壤污染防治工作。那么如何开展"净土防御战"呢？

掌握韶关不同局域土壤中含有重金属的种类、含量、形态是关键，然后才能对症下药开展修复与治理，筑牢粤北生态屏障。如何知道韶关不同局域土壤中含有重金属的种类、含量、形态呢？启发学生回忆在微课中学习的内容，引出分析化学的定义。

思政元素：培养学生家国情怀和历史使命感。

【活动三】 知识点升华：分析化学的定义

针对分析化学的定义，老师提出3个问题：
（1）分析化学研究的对象是什么？
（2）分析化学研究物质的什么内容？
（3）如何研究才能获得物质的这些化学信息呢？

随着问题一个个解开，强调分析化学是实践性很强的学科，唯有通过实验，才能获得物质的化学信息。要求学生在实验时认真细致、实事求是，记录数据时做到真实、及时、准确、完整，防止漏记和随意涂改（见图3-2）。

思政元素：培养追根寻源的科学思维能力以及认真细致、实事求是的科学态度。

图3-2 秉承科学态度之思政元素

【活动四】 知识点串讲：分析化学的任务和作用

从分析化学的定义出发，启发学生概括出分析化学的两个任务，然后通过提问的方式，组织学生回答：分析化学在国民经济和科学研究中起着哪些重要作用。

教师完善答案，将分析化学的作用概括为 4 个层面：化学学科发展、国民经济、科学研究、社会生活。在社会生活中提到食品分析、卫生检验、商品检验等案例后，突出强调环境分析，组织学生观看土壤重金属元素检测视频，布置本课程第一个项目：检测凡口铅锌矿尾矿土壤中铅、锌的含量，要求学生期末前完成。

思政元素：激发求知欲，培养团队合作精神。

【活动五】 画龙点睛：升华育人内涵

作为化学学科一条重要分支的分析化学在国民生产生活中占据着如此重要的地位，那么化学学科必然是现代文明社会的基础，是国家重要的经济支柱，然后顺势升华育人内涵（见图 3-3），教育学生要用知识服务社会，不违原则，务真求实，做一名有良心的化学人！

思政元素：树立化学人的职业道德。

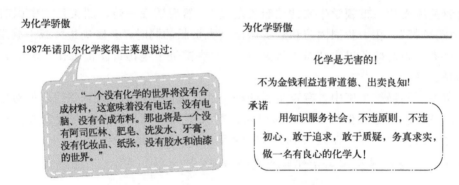

图 3-3　树立职业道德之思政元素

【活动六】 归纳总结，随堂练习

总结线上线下教学过程中涉及的知识点，并发布随堂练习，检测学生对知识的掌握程度。

【活动七】 课后线上活动

自主学习微课：分析化学的发展趋势。查找资料，了解科学家王琎对我国分析化学做出了哪些重大贡献。

案例 2
滴定分析法引论

1. 教学目标

知识目标
(1) 知道滴定分析的过程、特点和分类。
(2) 知道滴定分析的四种方式。

能力目标
(1) 掌握四种滴定方式的选择。
(2) 掌握标准溶液的配制方法。
(3) 会计算标准溶液的浓度并正确表示。

思政目标
(1) 培养勇于求证、大胆探索的科学精神。
(2) 培养不畏困难乐观向上的人生态度。
(3) 培养知行合一、学以致用的能力。

2. 教学素材

(1) 人物报道：波义尔、盖·吕萨克两位科学家的生平。
(2) 微课：滴定分析法概论；滴定分析法的分类及其对化学反应的要求。

3. 课程思政设计思路

如图 3-4 所示，课前，通过线上微课视频，介绍波义尔、盖·吕萨克两位科学家对滴定分析法的贡献，讲好科学家故事，树立时代楷模。随后，发布线上讨论话题：从波义尔、盖·吕萨克两位科学家中选择一位，介绍这位科学家在微课中没有涉及的一个成就并谈谈你的感想。引导学生学习科学家的探索和实证精神。

课中，投屏学生课前在讨论区的发言，顺势引出波义尔、盖·吕萨克两位科学家勇于求证、大胆探索的科学精神，强化微课中的思政元素。随后，坚持以问题为导向，依托理论与实验融合的问题群，展开这章教学重难点知识的讲解，培养学生知行合一、学以致用的

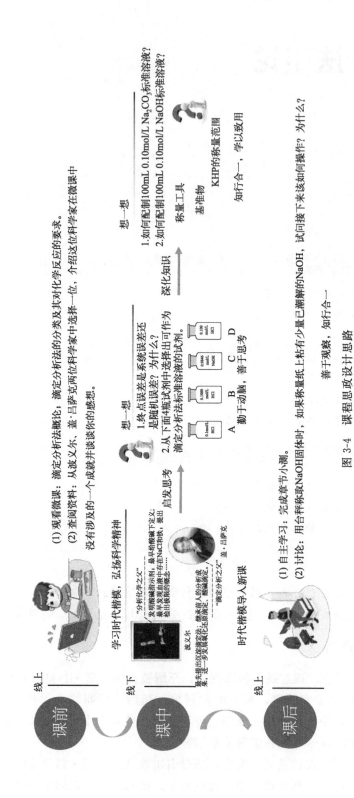

图 3-4 课程思政设计思路

能力。

课后，发布章节小测和讨论话题：用台秤称取 NaOH 固体时，如果称量纸上粘有少量已潮解的 NaOH，试问接下来该如何操作？为什么？进一步培养学生善于观察、勤学善思、知行合一的科学精神。

4. 具体教学设计

【活动一】 课前准备

（1）学生自主学习 2 个微课：滴定分析法概论；滴定分析法的分类及其对化学反应的要求。（2）发布讨论：从波义尔、盖·吕萨克两位科学家中选择一位，介绍这位科学家在微课中没有涉及到的一个成就并谈谈你的感想。

在"滴定分析法概论"中，已介绍波义尔、盖·吕萨克两位科学家对滴定分析法的贡献，再组织学生讨论，加深学生对这两位科学家的认识，引导学生学习科学家的探索和实证精神。

思政元素：讲好科学家故事，树立时代楷模。

【活动二】 课程导入

依托超星智慧课堂，将学生课前参与讨论话题的发言投屏，顺势强调波义尔、盖·吕萨克两位科学家在滴定分析法中所做的贡献，强化微课中的思政元素（见图 3-5）。

思政元素：勇于求证、大胆探索的科学精神。

学习时代楷模，弘扬科学精神

"分析化学之父"
发明酸碱指示剂；最早给酸碱下定义；最早发现血液中存在 NaCl 和铁；提出检出极限的概念……

波义尔

最先提出沉淀滴定法；继承前人的分析成果，进一步发展氧化还原滴定、酸碱滴定。

"滴定分析之父" 盖·吕萨克

图 3-5 弘扬科学精神之思政元素

【活动三】 知识点串讲：滴定分析法基本概念和分类

简单回顾在微课中学习的内容：滴定分析法基本概念和分类，巩固学生基础，为接下来的升华知识点做准备。

【活动四】 知识点升华：终点误差、标准溶液

以问题的形式，将滴定分析法中的基本概念"终点误差"与之前学习的知识点"系统误差""随机误差"联系起来，培养学生知识迁移能力。标准溶液概念很简单，但是如何选择标准溶液呢？这是困扰学生的一个问题。为此，教师设计一个选择题（见图 3-6），引导学生将终点误差与标准溶液选择联系起来，帮助学生知其然，还要知其所以然。

思政元素：培养勤于动脑、善于思考的科学素养。

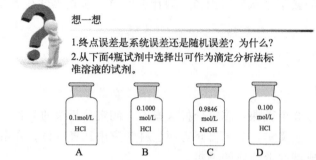

图 3-6　善于思考之思政元素

【活动五】　知识点讲授：滴定的 4 种方式及选择

通过实例分析，让学生理解滴定 4 种方式（直接滴定、间接滴定、返滴定、置换滴定）的内涵。在介绍如何选择这 4 种滴定分析方式时，告诉学生直接滴定法简单，但是有条件要求，当条件不允许时，只能选择另 3 种滴定方式之一，此时顺势教育学生：直路走不通时，不妨换一种思维方式，采用"曲线救国"的办法完成任务，培养学生乐观向上的人生态度。

思政元素：培养不畏困难、乐观向上的人生态度。

【活动六】　知识点讲授：标准溶液的配制、浓度计算和浓度表示方法

使用滴定分析法，必须先有标准溶液，那么如何配制标准溶液呢？接下来采用问题群组织教学。

第一组问题：

（1）如何配制 100mL 0.10mol/L Na_2CO_3 标准溶液？

（2）如何配制 100mL 0.10mol/L NaOH 标准溶液？

教师组织学生自学标准溶液配制方法后，开展小组讨论，在讨论中抛出第二组问题：

（1）用什么工具称取 Na_2CO_3？要求配制 100mL Na_2CO_3 标准溶液，如何得到这 100mL？

（2）准确称取 Na_2CO_3 固体 1.0864g，试问标签上的浓度为多少？

（3）粗配 NaOH 溶液时，用什么称量工具？用什么体积量具？为什么？

（4）用什么物质标定 NaOH 溶液？

（5）标定 0.10mol/L NaOH 溶液，如何估算 KHP 的称量范围？

在递进式问题的启发引导下，学生不仅掌握了 Na_2CO_3、NaOH 标准溶液在配制原理、使用工具、实验难易度等方面的不同点，而且巩固了标准溶液的浓度计算和表示方法，完成这章重难点知识的学习。两组问题在设计上都是理论与实验的融合，因此学生知行合一、学以致用的能力也得到培养。

思政元素：培养知行合一、学以致用的能力。

【活动七】 归纳总结，布置作业

在总结本章知识点后，发布随堂练习，检测学生对知识的掌握程度，并布置线下作业。

【活动八】 课后巩固

要求学生完成章节小测，并参与话题讨论：用台秤称取 NaOH 固体时，如果称量纸上粘有少量已潮解的 NaOH，试问接下来该如何操作？为什么？

思政元素：培养善于观察、知行合一的能力。

案例 3
酸碱质子理论

1. 教学目标

知识目标

（1）知道酸碱理论的发展史。
（2）知道质子理论中酸、碱、共轭酸碱对、酸碱反应等基本概念。

能力目标

（1）学会从质子理论角度辨认酸、碱、共轭酸碱对。
（2）正确表达多元弱酸（碱）溶液中每对共轭酸碱对 $K_a K_b = K_w$ 的表达式。

思政目标

（1）培养为追求真知而努力的科学精神。
（2）树立正确的世界观、人生观、价值观。
（3）加强辩证唯物主义思想。

2. 教学素材

（1）人物报道：波义尔、阿伦尼乌斯、布朗斯特和劳里、路易斯等科学家有关酸碱理论研究的报道。
（2）微课：酸碱质子理论。

3. 课程思政设计思路

如图 3-7 所示，课前，通过线上微课视频，介绍酸碱电离理论、质子理论和电子理论对酸、碱、酸碱反应的描述，并在小结质子理论时提出酸碱相对论，由此融入哲学相对论，教育学生树立正确的世界观、人生观、价值观。

随后，发布线上讨论话题：电离理论和质子理论最主要的不同点是什么？引导学生查找波义尔、阿伦尼乌斯、布朗斯特和劳里、路易斯等科学家对酸碱的研究，激发学生用发展的眼光看待酸碱理论。

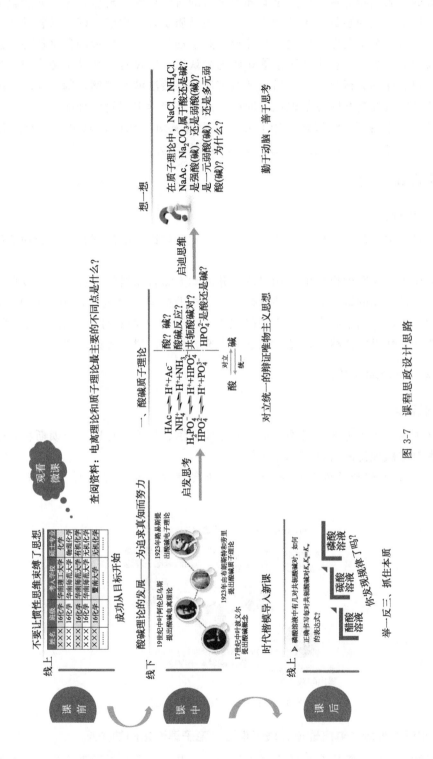

图 3-7 课程思政设计思路

课中，以梳理酸碱理论的发展历史为切入点，介绍波义尔、阿伦尼乌斯等科学家对发展酸碱理论所做的伟大贡献，宣扬为追求真知而努力的科学精神。随后，坚持问题教学法，让学生在寻求、探索解决问题的思维活动中，掌握酸碱质子理论中酸、碱、共轭酸碱对、酸碱反应的实质。随着一个个问题的解决，培养学生勤于动脑、善于思考的科学精神，加深学生对唯物辩证法中对立统一、否定之否定规律的内涵认识。通过复习酸碱平衡常数，帮助学生将无机化学知识迁移到分析化学，然后以醋酸溶液、碳酸溶液为案例，师生互动，解开共轭酸碱对中共轭酸的酸性与共轭碱的碱性之间的关系，培养学生逻辑思维能力。

课后，发布讨论话题：磷酸溶液中有几对共轭酸碱对，如何正确书写每对共轭酸碱对$K_aK_b=K_w$的表达式？培养学生举一反三的创造性思维方式。

4. 具体教学设计

【活动一】 课前准备

（1）学生自主学习微课：酸碱质子理论。（2）发布讨论：电离理论和质子理论最主要的不同点是什么？

在"酸碱质子理论"中提出酸碱相对论，并以此为结合点对学生进行思政教育——考到二本院校，是一件遗憾的事情，但这并不代表二本毕业的学生一定比不上一本毕业的学生，前几届毕业的学生，他们中有考上985的研究生，也有考上211的研究生。通过列举事例，教育学生不要让惯性思维束缚了思想，鼓励学生努力学习，树立考研志向。

思政元素：哲学相对论。

【活动二】 课程导入

由"酸碱理论经历了怎样的发展历程"引出波义尔、阿伦尼乌斯、布朗斯特和劳里、路易斯等科学家对酸碱理论的贡献（见图3-8）。

思政元素：酸碱理论的发展遵循着否定之否定规律，展现了科学家为探索真知而付出的努力。

图 3-8 弘扬科学精神之思政元素

【活动三】 知识点辨析：电离理论、质子理论、电子理论之间的关系

依托超星智慧课堂，投屏学生关于线上讨论题"电离理论和质子理论最主要的不同点是什么"给出的答案。教师在答疑解惑的过程中强调电离理论研究的范畴是水溶液中的物质，而质子理论没有这个限制，这就是两者最主要的不同点。顺势引出酸碱三大理论之间的关

系，电离理论研究的范畴最小，其次是质子理论，研究范畴最大的是电子理论。

【活动四】 知识点升华：质子理论的基本概念

依托 HAc、NH_4^+、$H_2PO_4^-$、HPO_4^{2-} 的解离反应，提问学生：哪些物质是质子理论中酸、碱？什么是共轭酸碱对？共轭酸碱对的特征是什么？质子理论中酸碱反应的实质是什么？在质子理论中，NH_4Cl、NaAc、Na_2CO_3 属于哪一类酸碱物质？通过系列问题的设计完成知识的升华。

思政元素：培养勤于动脑、善于思考的科学精神。

【活动五】 知识点回忆：酸碱平衡常数的表示

创设情境，帮助学生回忆一元弱酸、一元弱碱在水溶液中的酸碱平衡常数（K_a、K_b）表达式，以及水的质子自递平衡常数（K_w）表达式，将无机化学课程中学习的知识迁移到分析化学，让学生感悟基础化学课程之间的联系。

【活动六】 知识点讲授：一元弱酸溶液中共轭酸碱对 K_a 与 K_b 的关系

以醋酸溶液中一对共轭酸碱对（HAc-Ac^-）为例，师生互动，推导出 $K_{a,HAc} K_{b,Ac^-} = K_w$，由此得出结论：一对共轭酸碱对，其共轭酸的酸性越强（即 K_a 越大），则其共轭碱的碱性就越弱（即 K_b 越小）；反之亦然。

【活动七】 知识点升华：二元弱酸溶液中共轭酸碱对 K_a 与 K_b 的关系

发布讨论话题：碳酸溶液中有几对共轭酸碱对？写出每对共轭酸碱 K_a 与 K_b 的关系式。

教师提示，在碳酸溶液中，有 K_{a_1}、K_{a_2}、K_{b_1}、K_{b_2}，师生一起写出 K_{a_1}、K_{a_2}、K_{b_1}、K_{b_2} 平衡常数表达式。

借助碳酸溶液，学生对共轭酸碱对 K_a 与 K_b 的关系从一元弱酸（碱）溶液上升到二元弱酸（碱）溶液。

【活动八】 归纳总结，布置作业

总结酸碱质子理论，发布随堂练习，检测学生对知识的掌握程度，并布置线下作业。

【活动九】 课后巩固

发布话题讨论：磷酸溶液中有几对共轭酸碱对，如何正确书写每对共轭酸碱对 $K_a K_b = K_w$ 的表达式？

思政元素：培养举一反三的创造性思维方式。

案例 4
重铬酸钾法

1. 教学目标

 知识目标

（1）知道 $K_2Cr_2O_7$ 法的基本原理和特点。

（2）知道 $K_2Cr_2O_7$ 法的典型示例——水体中 COD_{Cr} 的测定和铁矿石中全铁含量的测定。

 能力目标

（1）能从标准电极电势分析 $K_2Cr_2O_7$ 法和 $KMnO_4$ 法的不同点。

（2）能结合氧化还原滴定法的基本原理分析铁矿石中测定全铁含量的实验方案。

思政目标

（1）培养理论联系实际的科学素养。

（2）强化绿色化学意识。

2. 教学素材

（1）微课：可逆氧化还原滴定曲线。

（2）新闻报道：太湖蓝藻事件；山东东营 3 千吨毒水事件；毒胶囊事件。

（3）视频：金属铬对人体的危害有多大？

3. 课程思政设计思路

如图 3-9 所示，课前，发布讨论题，组织学生复习标准电极电势的作用及影响滴定突跃范围上下限的因素，唤醒学生知识储备。同时，要求学生查阅资料，了解有关水体富营养化事件和毒胶囊事件，为课中开启绿色化学教育做准备。

课中，从强酸性条件下 $K_2Cr_2O_7$、$KMnO_4$、HCl 所在电对的标准电极电势入手，开展启发式教学，引导学生分析 $K_2Cr_2O_7$ 法的原理和特点。围绕水体中 COD_{Cr} 检测方法、铁矿石中全铁含量测定 2 个案例，组织小组讨论，让学生知道检测水体中 COD 的意义、$K_2Cr_2O_7$ 法处理实验废水的意义，以及在铁矿石全铁含量实验方案中加入磷酸的原因，培养学生理论联系实际、学以致用的科学素养，同时强化绿色化学意识，提高化学人的职业道德。

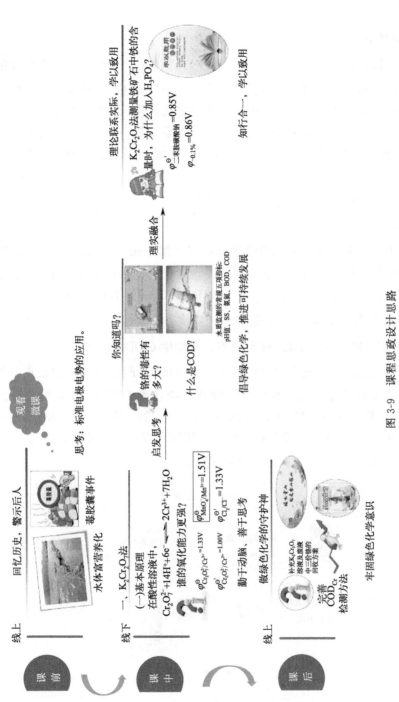

图 3-9 课程思政设计思路

课后，要求学生补充 $K_2Cr_2O_7$ 溶液及废液中三价铬的回收方案，完善 COD_{Cr} 检测方法，牢固绿色化学意识，做绿色化学的践行者。

4. 具体教学设计

【活动一】 课前准备

（1）发布线上讨论：已知 $\varphi^{\ominus}_{Sn^{4+}/Sn^{2+}}=0.15V$，$\varphi^{\ominus}_{Fe^{3+}/Fe^{2+}}=0.77V$，试指出在标准状态时，氧化能力最强的离子、还原能力最强的离子，以及氧化还原反应的方向。（2）自主学习微课：可逆氧化还原滴定曲线。（3）阅读有关水体富营养化、毒胶囊等事件的拓展资料。

通过课前线上学习，一方面引导学生复习已有知识，另一方面让学生了解 COD 的含义和检测意义，并提醒学生关注 Cr^{6+}、Cr^{3+} 的毒性，为线下课堂专业知识和思政教育的顺利开展做好准备。

思政元素：保护环境，珍惜生命，人人有责。

【活动二】 课中导入

坚持教师为主导、学生为主体的教学理念，以强酸性条件下 $K_2Cr_2O_7$、$KMnO_4$、HCl 所在电对的标准电极电势为切入点，联系课前发布的讨论题，通过层层启发，让学生一步步得到 $K_2Cr_2O_7$ 法的基本原理以及 $K_2Cr_2O_7$ 法相比于 $KMnO_4$ 法的优点。

思政元素：培养勤于动脑、善于思考的科学素养。

【活动三】 知识点讲授：$K_2Cr_2O_7$ 法的缺点，水体中 COD_{Cr} 检测方法

播放视频"金属铬对人体危害有多大"，组织小组讨论 $K_2Cr_2O_7$ 法的缺点。接着给出国家颁布的水质检测项目及标准表，组织小组继续讨论检测 COD 的意义和方法、水体导致 COD 含量增高的原因、COD_{Cr} 与 COD_{Mn} 的不同点。最后留下课后线上作业：在 COD_{Cr} 检测方法的基础上补充 $K_2Cr_2O_7$ 溶液及废液中三价铬的回收方案（见图3-10）。

思政元素：倡导绿色化学，推进可持续发展。

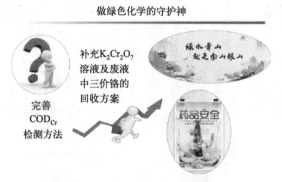

图 3-10 绿色化学之思政元素

【活动四】 知识点讲授：铁矿石中全铁含量测定方法

坚持以问题为导向，聚焦核心问题，逐渐揭开铁矿石中全铁含量测定方法的关键步骤：（1）为什么要用 $SnCl_2$-$TiCl_3$ 联合还原法？如何控制 $SnCl_2$ 和 $TiCl_3$ 的用量？（2）为什么在

滴定标准溶液 $K_2Cr_2O_7$ 前加入 H_3PO_4?

组织学生探究问题（1）时，提及历史上曾经使用有汞法测定铁矿石中全铁含量，教育学生发展绿色化学是化学人的职责所在。

组织学生探究问题（2）时，先让学生计算在 1mol/L HCl 中，$K_2Cr_2O_7$ 法测量铁矿石中铁含量的突跃范围起点电位 $\varphi_{-0.1\%}$，并给出二苯胺磺酸钠的条件电位 $\varphi^{\ominus'}$。通过这两个电位以及课前观看的微课，引导学生思考如何提高 $K_2Cr_2O_7$ 法测定 Fe^{2+} 含量的准确度，培养学生用理论知识指导实验，做到知行合一、学以致用（见图 3-11）。

思政元素：强化绿色化学意识，培养理论联系实际、学以致用的科学素养。

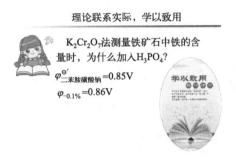

图 3-11 学以致用之思政元素

【活动五】 归纳总结，布置作业

总结 $K_2Cr_2O_7$ 法，发布随堂练习，检测学生对知识的掌握程度，并布置线下作业。

【活动六】 课后巩固

完善 COD_{Cr} 检测方法，补充 $K_2Cr_2O_7$ 溶液及废液中三价铬的回收方案。

思政元素：牢固绿色化学意识，做绿色化学的践行者。

案例 5
沉淀滴定法

1. 教学目标

知识目标
掌握银量法的分类、测定原理、测定条件和应用范围。

能力目标
针对具体实验项目，能选择适当的银量法，并初步设计实验方案。

思政目标
(1) 培养求真务实、积极探索的科学精神。
(2) 培养绿色环保的职业使命感和社会责任感。

2. 教学素材

(1) 微课：莫尔法、佛尔哈德法、法扬斯法。
(2) 导学案：银量法的分类（见附件）。

3. 课程思政设计思路

如图 3-12 所示，课前，发放导学案和微课学习要求（导学案中将本章基础知识设计为 8 个问题）。在组织学生复习旧知、唤醒知识储备的同时，梳理新知脉络，掌握沉淀滴定法的基础知识，同时融入思政教育。

教师发布测试题，检测学生对导学案上所设置问题的掌握程度，对普遍存疑问题，如为什么无 NH_4^+ 时，莫尔法酸度范围 pH=6.5～10.5，有 NH_4^+ 存在时，酸度范围为 6.5～7.2？教师再设计 6 个问题，推动学生勤思考、求真知，并发布分组任务，为线下课堂做准备。

课中，依托实验项目，导入新课，激发学生好奇心，让学生快速进入学习状态。随后，教师在带领学生巩固本章基础知识、完成知识内化后，开展小组活动，在求真务实、积极探索的科学精神推动下，师生共同努力，解决学生存疑问题，完成本章重难点知识的学习。最后，回归导课时提到的实验项目，学生在教师给予的提示下，开展小组讨论，设计实验方案。此时，教师把握时机，升华项目教学，抛出问题：如何处理废液？为了减少药品用量，如何改变实验装置？在传授知识的同时，强化绿色环保理念，树立化学人的使命担当。

课后，发布讨论话题：在 $MgCl_2$ + NaCl 混合溶液中，你能准确测定 NaCl 和 $MgCl_2$ 的

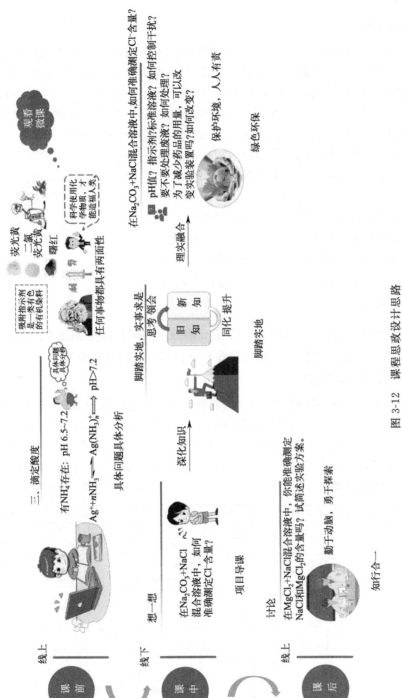

图 3-12 课程思政设计思路

含量吗？试简述实验方案。教师增加实验项目难度，既培养学生高阶思维能力，又培养学生勤于动脑、勇于探索的科学精神。

4. 具体教学设计

【活动一】 课前准备

(1) 学生自主学习微课：莫尔法、佛尔哈德法、法扬斯法。(2) 根据导学案，复习旧知，梳理新知。(3) 发布测试题，检测学生对新知的掌握程度。教学实践中发现学生感到难度最大的问题是：为什么无 NH_4^+ 时，莫尔法酸度范围 pH＝6.5～10.5，有 NH_4^+ 存在时，酸度范围为 6.5～7.2？为此，教师根据学生知识储备再设计以下问题群，并发布分组任务，为线下课堂做准备，同时在无痕中教育学生遇到问题要求真务实、积极探索。

(1) 什么是溶度积规则？沉淀是如何生成、溶解和转化的？
(2) 在酸性溶液中，铬酸根离子会发生什么反应？写出离子反应方程式。
(3) 在碱性强的溶液中，硝酸银会发生什么反应？写出离子反应方程式。
(4) 莫尔法测定氯离子的实验原理是怎样的？
(5) 银离子和铵根离子发生什么反应？写出离子反应方程式。
(6) 氨水在什么酸度条件下主要以铵根离子的形式存在？

思政元素：培养求真务实、积极探索的科学精神。

【活动二】 项目导课

教师抛出实验项目：在 Na_2CO_3＋NaCl 混合溶液中，如何准确测定 Cl^- 含量？此时教师留下悬念：要想知道答案，我们首先要掌握银量法的基础知识。

【活动三】 串讲及总结基础知识

以测定 Cl^- 为例，教师按照导学案设计的问题，带领学生逐条完善图 3-13(a) 的表格。此时，教师把握上课节奏。学生已经掌握的知识，一带而过，无需多讲；而学生似懂非懂之处，教师放慢脚步，点拨学生在旧知和新知之间建立联系，完成知识内化。等到所有问题都解决后，图 3-13(b) 就呈现在学生面前，即这章的基础知识已总结束，答疑、归纳一气呵成。

第二节 银量法的分类

项目	莫尔法	佛尔哈德法	法扬斯法
指示剂			
滴定剂			
滴定反应			
指示反应			
酸度			
测定对象			

(a)

第二节 银量法的分类

项目	莫尔法	佛尔哈德法	法扬斯法
指示剂	K_2CrO_4 溶液	$NH_4Fe(SO_4)_2$	吸附指示剂
滴定剂	$AgNO_3$	SCN^-	$AgNO_3$ 或 NaCl
滴定反应	$Ag^+ + Cl^- \Longrightarrow AgCl\downarrow$	$Ag^+ + SCN^- \Longrightarrow AgSCN\downarrow$	$Ag^+ + Cl^- \Longrightarrow AgCl\downarrow$
指示反应	$2Ag^+ + CrO_4^{2-} \Longrightarrow Ag_2CrO_4\downarrow$ (砖红色)	$Fe^{3+} + SCN^- \Longrightarrow FeSCN^{2+}$ (红色)	$AgCl \cdot Ag^+ + FIn^-$ (黄绿色)$\longrightarrow$ $AgCl \cdot Ag^+ \cdot FIn^-$ (粉红色)
酸度	pH＝6.5～10.5(无 NH_4^+)	0.1～1mol/L 硝酸介质	10＞pH＞$pK_{a,HFIn}$
测定对象	直接滴定：Cl^-、Br^-、CN^- 返滴定：Ag^+	直接滴定：Ag^+ 返滴定：Cl^-、Br^-、I^-、SCN^- 等	直接滴定：Cl^-、Br^-、I^-、SCN^-、Ag^+ 等

(b)

图 3-13 基础知识的归纳总结

【活动四】 重难点释疑

组织学生以小组为单位，解答教师发布的问题群。根据学生回答情况，教师引导学生回答：为什么无 NH_4^+ 时，莫尔法酸度范围为 pH＝6.5～10.5，有 NH_4^+ 存在时，酸度范围为 6.5～7.2？教师在点评、总结中，强调新知都是建立在旧知的基础上，教育学生要注重平时学习，脚踏实地，一步一个脚印。

思政元素：培养脚踏实地、求实求是的科学精神。

【活动五】 回归项目

教师重提实验项目：在 Na_2CO_3＋NaCl 混合溶液中，如何准确测定 Cl^- 含量？教师组织学生讨论时，在恰当时机给予提示，如：请注意混合溶液的 pH 环境，银量法中哪种方法是在弱碱性溶液中使用？指示剂、标准溶液是什么物质？如何控制干扰？要不要处理废液？如何处理？为了减少药品的用量，可以改变实验装置吗？如何改变？在教师层层引导及学生互帮互助下，一个绿色环保的实验方案被设计出来。

思政元素：绿色环保，树立化学人的使命担当。

【活动六】 归纳总结，布置作业

总结本章知识点，发布随堂练习，检测学生对知识的掌握程度，并布置线下作业。

【活动七】 课后巩固

发布讨论话题：在 $MgCl_2$＋NaCl 混合溶液中，你能准确测定 NaCl 和 $MgCl_2$ 的含量吗？试简述实验方案。

增加实验项目难度，提高学生高阶思维能力并培养勤于动脑、勇于探索的科学精神。

思政元素：培养勤于动脑、勇于探索的科学精神。

附件：导学案

§8.2 银量法的分类

一、知识框架图

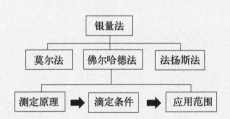

二、学习目标

(1) 掌握三种银量法的指示剂。

(2) 理解三种银量法的测定原理（直接滴定法和返滴定法）。

(3) 掌握三种银量法的滴定条件和应用范围。

三、前期知识储备

(1) 直接滴定法、返滴定法的含义。

(2) 溶度积规则。

(3) 酸度对弱酸（碱）各型体分布的影响。

四、讨论主题

(1) 为什么无 NH_4^+ 时，莫尔法酸度范围为 pH=6.5～10.5，有 NH_4^+ 存在时，酸度范围为 6.5～7.2?

(2) 为什么莫尔法不能测定 I^-、SCN^-?

(3) 莫尔法可以用直接滴定法测定 Ag^+ 吗？为什么？

(4) 为什么佛尔哈德法要在硝酸介质中进行滴定？

(5) 佛尔哈德法滴定 Cl^- 时，要注意什么问题？如何解决？

(6) 吸附指示剂在什么条件下会变色？

(7) 如何选择吸附指示剂？

(8) 为什么法扬斯法要控制酸度范围为 $10>pH>pK_{a,HFIn}$?

案例 6
吸光光度法

1. 教学目标

知识目标

(1) 知道物质选择性吸收的含义。
(2) 知道朗伯-比尔定律。
(3) 知道分光光度计的基本构造。
(4) 知道吸光光度法的定性和定量方法。

能力目标

(1) 能优化吸光光度法的分析条件和检测条件。
(2) 能初步设计吸光光度法的实验方案。

思政目标

(1) 强化具体问题具体分析的哲学思想。
(2) 培养勇攀高峰、敢为人先的创新精神。
(3) 强化职业使命感和社会责任感。
(4) 强化民族自豪感和历史使命感。
(5) 树立知行合一、学以致用的能力。

2. 教学素材

(1) 微课：吸光光度法概述；光的吸收定律；可见分光光度法的应用。
(2) 视频：镉大米事件；痛痛病事件。
(3) 微课：722S 分光光度计的使用。

3. 课程思政设计思路

如图 3-14 所示，课前，组织学生自主学习线上 3 个微课：吸光光度法概述、光的吸收定律、可见分光光度法的应用。微课中结合 2 个知识点分别对学生开展思政教育：具体问题具体分析的哲学思想；弘扬朗伯、比尔两位科学家的科学精神，激励学生奋发向上。同时，组织学生以小组为单位查找吸光光度法测定微量 Cd 的实验方案。

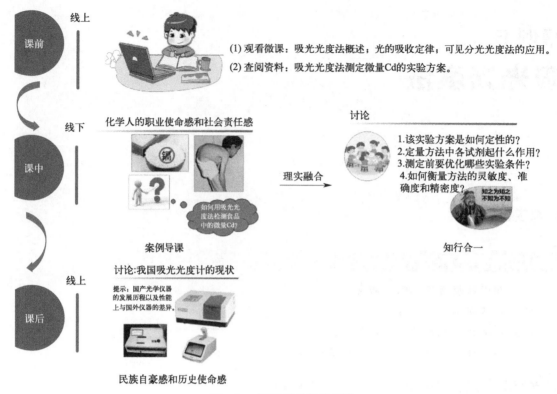

图 3-14　课程思政设计思路

课中，教师以新闻报道"镉大米事件"、世界十大公害事件之一"痛痛病"为入手点，引导学生思考如何对食品中的微量镉进行定性和定量分析。并以此为契机融入思政元素——化学人的职业使命感和社会责任感，然后给学生讲述分光光度计的基本构造、吸光光度法检测条件的优化、吸光光度法的定性方法，最后回到"镉大米事件"，引导学生分析吸光光度法测定微量 Cd 的实验方案，如试剂的作用、检测条件的优化、衡量灵敏度、准确度和精密度的方法，在升华专业知识的同时再次强化化学人的职业使命感和社会责任感。

课后，要求学生查找国产光学仪器的发展历程及性能上与国外仪器的差异，并完成讨论我国吸光光度计的现状。讨论中，教师从国产光学仪器的发展历程及某些性能落后国外仪器等方面引导学生，让学生既认识到新中国成立后，国产光学仪器制造方面取得的重大突破，同时也让学生清醒地意识到国内外光学仪器的差距，激励学生努力学习，报效祖国。

4. 具体教学设计

【活动一】 课前准备

（1）自主学习微课：吸光光度法概述、光的吸收定律、可见分光光度法的应用。（2）发布学习任务：以小组为单位查找吸光光度法测定微量 Cd 的实验方案，并在班级群中分享。

在"吸光光度法概述"中通过几个案例引导学生思考：前面学习的配位滴定法和现在学习的吸光光度法主要测定的对象都是金属元素，两者有何区别？教育学生具体问题具体分析。

在"光的吸收定律"中围绕朗伯-比尔定律，介绍约翰·海因里希·朗伯和奥古斯特·

比尔两位科学家在研究物质对光的吸收程度等方面的贡献,培养学生勇攀高峰、敢为人先的创新精神。

思政元素:强化具体问题具体分析的哲学思想和培养勇攀高峰、敢为人先的创新精神。

【活动二】 随堂小测

通过10道选择题,评价学生课前自主学习效果。教师在讲解答案时,串讲微课中的知识点:物质选择性吸收的含义、朗伯-比尔定律、吸光光度法的定量方法、吸光光度法分析条件的优化,帮助学生查漏补缺,在理解的基础上巩固知识。

【活动三】 案例导入

播放新闻报道"镉大米事件"和世界十大公害事件"痛痛病",引导学生思考如何用吸光光度法对食品中的微量镉进行定性和定量分析。由此融入思政元素——化学人的职业使命感和社会责任感(见图3-15)。然后告诉学生要想实现用吸光光度法对食品中的微量元素进行准确测定,首先必须掌握分光光度计的正确使用。

思政元素:强化职业使命感和社会责任感。

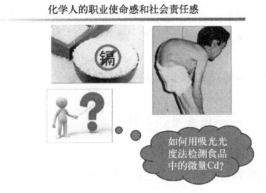

图 3-15 职业使命和社会责任之思政元素

【活动四】 知识点讲授:分光光度计

组织学生观看微课:722S分光光度计的使用。然后分光源、单色器、吸收池、检测器和显示器5个部分给学生进一步讲解,随后对比单光束、双光束和双波长分光光度计的构造及性能。

在教师的引导下,学生从简单到复杂,慢慢理解了分光光度计的内部构造、操作步骤以及操作时的注意事项。

【活动五】 知识点讲授:吸光光度法的定性

教师抛出问题:如果有一瓶红色溶液,你怀疑是高锰酸钾溶液,那如何通过吸光光度法确认呢?

给学生观看不同浓度高锰酸钾溶液的吸收曲线,以及Ca-K-B配合物、Mg-K-B配合物的吸收曲线,然后启发学生得到结论:不同浓度的同一种物质,其吸收曲线形状相似,λ_{max}不变;而对于不同物质,它们的吸收曲线形状和λ_{max}都不相同。接着教师问学生:你现在是否有办法确认哪瓶红色溶液为高锰酸钾溶液?

在提问2位学生的前提下,教师给出吸光光度法定性的正确实验方法,但同时强调:吸光光度法定性能给出的信息比较少，如果红色溶液的吸收曲线与高锰酸钾吸收曲线形状不吻合，λ_{max} 也不重合，则这瓶红色溶液一定不是高锰酸钾溶液，但是吸收曲线、λ_{max} 与高锰酸钾基本重合，不能断定这瓶红色溶液一定是高锰酸钾溶液，我们必须通过其他定性手段进行验证，如红外光谱、核磁共振、质谱等。

思政元素：培养客观、严谨、理性的科学态度。

【活动六】 知识点讲授：检测条件的优化

在微课中学生已学习了分析条件的优化，那么检测条件如何优化呢？坚持问题导向，教师设计了以下问题：

(1) 选择测定波长的原则是什么？
(2) 何为参比溶液？如何选择合适的参比溶液？
(3) 如何控制待测溶液的浓度？

随着问题的逐一解决，学生理解了测定波长、参比溶液、吸光度范围等条件的优化方法，为设计吸光光度法实验方案打下基础。

【活动七】 小组讨论，升华知识

回顾镉大米和痛痛病事件，引导学生对吸光光度法测定微量 Cd 的一种实验方案进行分组讨论，如定性方法、定量方法中各试剂的作用、检测条件的优化、衡量灵敏度、准确度和精密度的方法等。

通过一个实验方案将本章基础知识串联起来，给学生呈现出一个完整设计吸光光度法实验方案的思路。

思政元素：知行合一、学以致用，并强化职业使命感和社会责任感。

【活动八】 随堂练习，布置作业

发布随堂练习，检测学生对知识的掌握程度，并布置线下作业。

【活动九】 课后巩固

要求学生完成章节小测，查找国产光学仪器的发展历程及性能上与国外仪器的差异，并完成讨论：我国吸光光度计的现状。在拓展课本知识的同时，对学生植入民族自豪感和历史使命感的教育。

思政元素：强化民族自豪感和历史使命感。

案例 7
分子荧光分析法

1. 教学目标

知识目标

(1) 知道分子荧光/磷光发射的原理,了解荧光探针的概念。
(2) 知道分子发光分析法定量关系式。
(3) 了解荧光探针的概念及研究进展。

能力目标

(1) 会用分子发光分析法解析生活中的发光现象。
(2) 会用分子荧光分析法测定物质含量。

思政目标

(1) 培养热爱科学、追求真理的科学家精神。
(2) 培养勤于思考、勇于创新的科创精神。
(3) 学以致用、回馈社会。

2. 教学素材

(1) 图片:萤火虫发光;荧光棒发光;水母发光。
(2) 新闻报道:2023年获得诺贝尔化学奖的新闻报道;2008年下村修、钱永健等诺贝尔奖获得者发现绿色荧光蛋白的新闻报道。
(3) 文献资料:荧光探针最新研究进展。

3. 课程思政设计思路

如图 3-16 所示,课前,教师组织学生观看教学视频,并发布:寻找生活中的分子荧光现象。引导学生参与课前讨论。

课中,以 2023 年"荧光量子点"研究获得诺贝尔化学奖的新闻报道引出生活中的分子发光现象。抛出问题:分子荧光/磷光发射的基本原理是什么?然后给学生讲授分子荧光分析法的基本原理,拓展介绍荧光探针的概念。在讲授荧光探针时,引入三位诺贝尔奖获得者下村修、马丁·查尔菲和钱永健发现绿色荧光蛋白的故事,下村修从研究水母为什么发光中

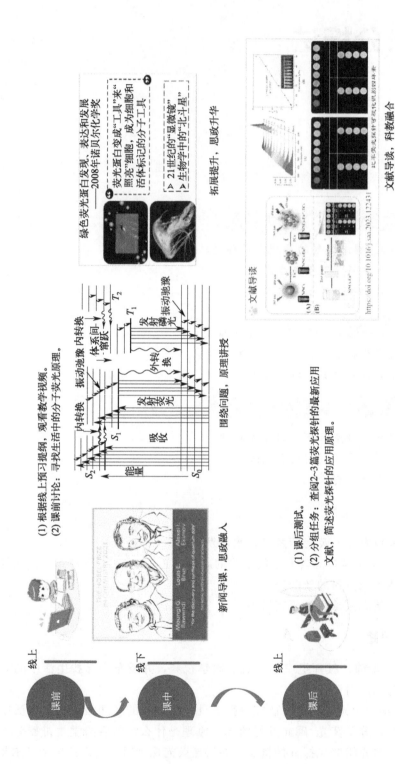

图 3-16 课程思政设计路线图

发现了绿色荧光蛋白，马丁·查尔菲和钱永健发现了绿色荧光蛋白的作用，可以成为照亮细胞的工具，引导学生学习科学家们勤于思考、勇于创新的精神。再通过文献导读，让学生了解我国在荧光探针阻力精准医疗上取得的研究进展。引导学生认识科技之美，激发学生从事科学研究的兴趣，用所学知识回馈社会，增强专业认同感。

课后，在组织学生完成测试的同时，安排分组任务，要求学生参阅荧光探针最新应用文献，进一步提升学生专业自豪感。

4. 具体教学设计

【活动一】 课程导入

以 2023 年诺贝尔化学奖的新闻报道为切入点，结合学生课前讨论，引导学生认识生活中的化学发光现象，引出问题：什么是分子荧光和分子磷光？

思政元素：培养热爱科学、追求真理的科学家精神。

【活动二】 知识点讲授：分子荧光/磷光发射的过程；分子荧光定量分析的基本原理

按照图 3-17，教师讲授分子荧光/磷光发射的基本原理，互动、讨论引导学生掌握振动弛豫、内转化、外转化、系间窜跃、分子荧光发射和磷光发射的过程、分子荧光定量分析的基本原理，然后通过课堂测完成知识内化。

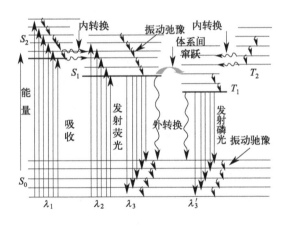

图 3-17 知识点讲授示意图

【活动三】 知识点拓展：荧光探针的概念及应用

教师给学生讲授分子荧光分析法的基本原理，引出荧光探针的概念。在讲授荧光探针时，引入三位诺贝尔奖获得者下村修、马丁·查尔菲和钱永健发现绿色荧光蛋白的故事，下村修从研究水母为什么发光中发现了绿色荧光蛋白，马丁·查尔菲和钱永健发现了绿色荧光蛋白的作用，可以成为照亮细胞的工具，引导学生学习科学家们勤于思考、勇于创新的精神。

思政元素：培养勤于思考、勇于创新的科研精神。

【活动四】 文献导读，科教融合

通过文献导读，让学生了解我国荧光蛋白技术助力精准医疗取得的研究进展。再结合教师科研，讲述化学荧光传感技术在分子可视化识别中的应用研究，引导学生认识科技之美，激发学生从事科学研究的兴趣。

思政元素：学以致用、回馈社会。

【活动五】 分组任务，思政升华：查阅资料，了解荧光探针的最新进展（思政考核）

分组任务，查阅荧光探针的最新研究文献，简述荧光探针的应用原理。让学生理解化学荧光传感技术在生活中的应用，增强学生的专业认同感。

案例 8
原子发射光谱法

1. 教学目标

知识目标

（1）了解原子发射光谱定性分析的方法。
（2）知道原子发射光谱定量分析的方法。

能力目标

（1）会用原子发射光谱法获取元素的化学信息。
（2）具备创新方法的高阶思维和能力。

思政目标

（1）树立崇尚科学、反对迷信的科学观。
（2）树立人与自然和谐发展的科学发展观。
（3）培养家国情怀和民族自豪感。

2. 教学素材

（1）案例：重金属污染案例。
（2）实景教学：检测单位实验室中原子发射光谱-质谱仪（ICP-MS）的实景教学。
（3）新闻报道：嫦娥五号登月；太空授课；太空科学。

3. 课程思政设计思路

如图 3-18 所示，课前，教师组织学生观看教学视频，并发布讨论：寻找生活中的原子发射现象。引导学生参与课前讨论。

课中，教师通过一个重金属污染案例导课，抛出问题：如何获取重金属是否超标信息。围绕问题，教师带领学生学习原子发射光谱定性定量分析方法；然后回顾案例，与学生共同讨论解决问题，完成知识内化；接着教师以居民饮用水安全案例引导学生利用所学知识解决生活问题，承担社会责任；最后教师通过与检测机构的实验室实景连线让学生观看原子发射光谱-质谱仪（ICP-MS），扩宽学生的知识面，了解原子发射光谱的最新研究成果。

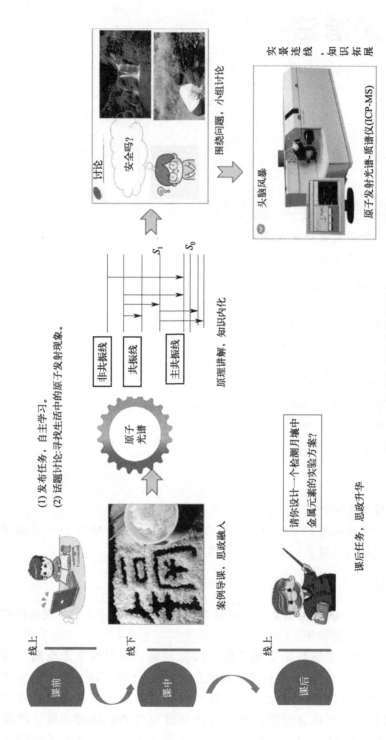

图 3-18 课程思政总体教学设计

课后，教师以嫦娥五号登月以及太空授课、太空科学研究的新闻报道引出课后作业，要求学生设计月壤中金属元素检测方案，实现思政元素的升华。

4. 具体教学设计

【活动一】 课程导入

以镉大米等重金属污染案例为切入点，抛出问题：如何获取重金属污染的化学信息？引出原子发射光谱法。

思政元素：绿水青山就是金山银山。

【活动二】 知识点讲授：原子发射光谱定性定量方法

按照图 3-19，教师讲授原子发射光谱定性定量方法，通过课堂测完成知识内化。

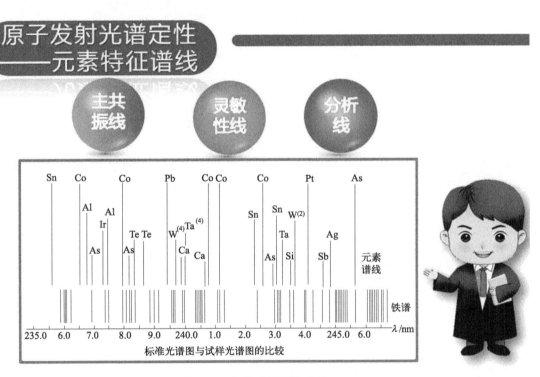

图 3-19　知识点讲授示意图

【活动三】 案例分析：原子发射光谱法应用

回顾导课案例，引导学生讨论用原子发射光谱法对重金属进行全分析。通过案例分析，培养学生分析问题、解决问题的能力。

思政元素：人与自然和谐共生的生态文明思想。

【活动四】 主题讨论：原子发射光谱法应用

拓展案例，围绕居民饮用水安全开展主题讨论，让学生学会学以致用，从分析化学专业角度去分析和解决生活问题。

思政元素：学以致用，用全面发展的眼光看问题。

【活动五】 知识拓展：原子发射光谱-质谱法（ICP-MS）

给学生讲述原子发射光谱不能分析超低含量的金属元素和分析元素的价态及同位素，引出原子发射光谱-质谱法（ICP-MS），并通过与检测机构的实验室实景连线，让学生观看原子发射光谱-质谱仪（ICP-MS），了解仪器内部结构，简单操作方式，扩大知识面。

【活动六】 课后任务，思政升华：月壤中金属元素的检测方案设计（思政考核）

以嫦娥五号登月、太空授课、太空科学研究的新闻报道引出课后作业，让学生设计月壤中金属元素检测方案，同时融合思政元素：少年强则中国强，国强则家兴。

思政元素：少年强则中国强，国强则家兴，培养家国情怀和民族自豪感。

案例 9
气相色谱法

1. 教学目标

知识目标

(1) 知道气相色谱固定相的分类。
(2) 知道气相色谱条件的优化。

能力目标

(1) 会根据实际检测样品选择合适的色谱柱。
(2) 会根据实际检测案例优选气相色谱的条件。

思政目标

(1) 理解"民以食为天，食以安为先"。
(2) 树立化学人的担当和社会责任。

2. 教学素材

(1) 新闻报道：酒鬼酒的塑化剂风波。
(2) 检测案例：植物油中氯丙醇的检测；蔬菜中农药残留的检测。

3. 课程思政设计思路

如图 3-20 所示，课前，教师组织学生观看气相色谱仪教学视频，完成课前预习。

课中，教师以气相色谱法在食品安全中的应用为切入点，融合"民以食为天，食以安为先"的食品安全理念。首先，案例以一则新闻报道"酒鬼酒的塑化剂风波"开篇，引出什么是塑化剂，如何检测塑化剂。融入思政元素：化学人的担当和社会责任。然后给学生讲述气相色谱的色谱柱和检测器及其选择原则，引导学生学会用气相色谱法检测塑化剂。接着再以"油炸食品中氯丙醇的检测"为例，组织学生讨论如何优化氯丙醇的气相色谱条件，在完成知识内化的同时融入"食以安为先"的思政元素。

课后，教师以"蔬菜中的含氯农药残留检测"为例，让学生学以致用，提出检测方案，实现思政考核及升华。

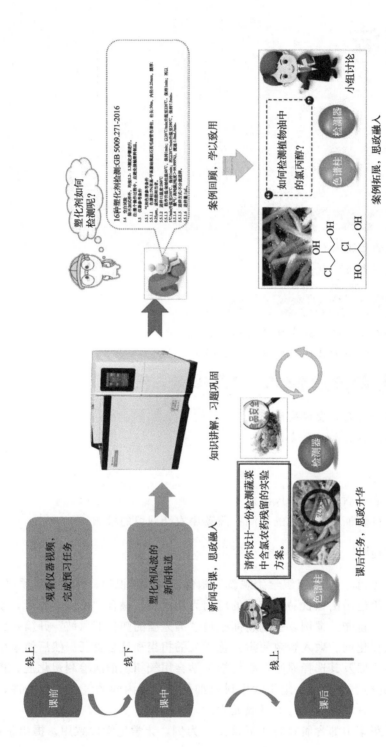

图 3-20 课程思政总体教学设计

4. 具体教学设计

【活动一】 案例导入，思政融入

以一则新闻报道"酒鬼酒的塑化剂风波"开篇，抛出话题：什么是塑化剂？如何检测塑化剂？融入思政元素：食以安为先，化学人的担当和社会责任。

思政元素：民以食为天，食以安为先，树立化学人该有的担当和社会责任。

【活动二】 知识讲授：气相色谱仪的色谱柱和检测器及其选择原则

教师讲授气相色谱柱和检测器的类型，然后按照图 3-21 带领学生学习色谱分离条件的选择，组织学生讨论如何根据检测对象优化色谱条件，在课堂测中完成知识内化。

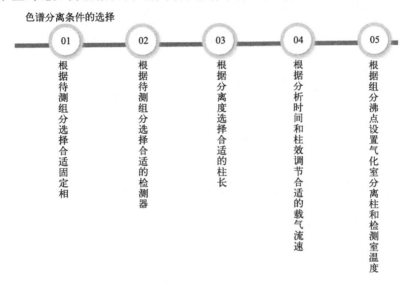

图 3-21　知识点讲授示意图

【活动三】 小组讨论：如何用气相色谱法化解塑化剂风波

回顾塑化剂风波，分组讨论，引导学生如何根据塑化剂结构优选气相色谱的固定相和检测器。通过案例分析，培养学生分析问题、解决问题的能力。

【活动四】 案例拓展，小组讨论

以油炸食品植物油中氯丙醇的检测为例，组织学生讨论检测氯丙醇色谱条件的优化（见图 3-22），融入"民以食为天，食以安为先"的思政元素，再结合教师科研给学生讲述植物油中氯丙醇的检测方法。

图 3-22　食品安全之思政元素

第3章　分析化学课程思政教学设计

思政元素：民以食为天，食以安为先。

【活动五】 课后任务，思政升华：设计蔬菜中含氯农药残留的检测方案（思政考核）

以蔬菜中含氯农药的残留检测为例，要求学生提交一份用气相色谱法检测蔬菜中含氯农药残留的实验方案，融入"民以食为天，食以安为先"的思政升华。

思政元素：民以食为天，食以安为先。

案例 10
液相色谱法

1. 教学目标

知识目标

（1）知道液液分配色谱的分类原理和适用范围。
（2）知道反相色谱和正相色谱的定义和应用。

能力目标

（1）会根据实际检测案例选择合适的色谱条件。
（2）会根据色谱柱类型预测组分的出峰顺序。

思政目标

（1）树立正确的恋爱观，理性看待爱情。
（2）明确社会主义法治理念，做一个诚实守法的公民。
（3）了解碳达峰、碳中和，具有节能减排意识。

2. 教学素材

（1）漫画：爱上 TA 原来是这么回事。
（2）政策：碳达峰、碳中和的"双碳政策"。

3. 课程思政设计思路

如图 3-23 所示，课前，学生自主学习并完成课前测试。

课中，坚持问题导课，在案例教学中融合思政的设计理念。首先，教师通过一则小漫画与学生讨论如何从化学的角度看待爱情，抛出问题：如何知道恋爱中人的爱情三因子水平与正常人不同？融入"树立正确的恋爱观，理性看待爱情"的思政元素。接着教师讲授液相色谱法基本原理，引导学生讨论如何用液相色谱法解码爱情三因子。然后再案例拓展，通过热门电影片段，引出真假药物鉴别的话题，引导学生学习药物鉴别的方法，融入社会主义法治理念。

课后，教师以 $PM_{2.5}$ 中多环芳烃衍生物的检测为例，要求学生提交一份用液相色谱法检测大气颗粒物中多环芳烃衍生物的实验方案，融入碳达峰、碳中和的科学发展观。

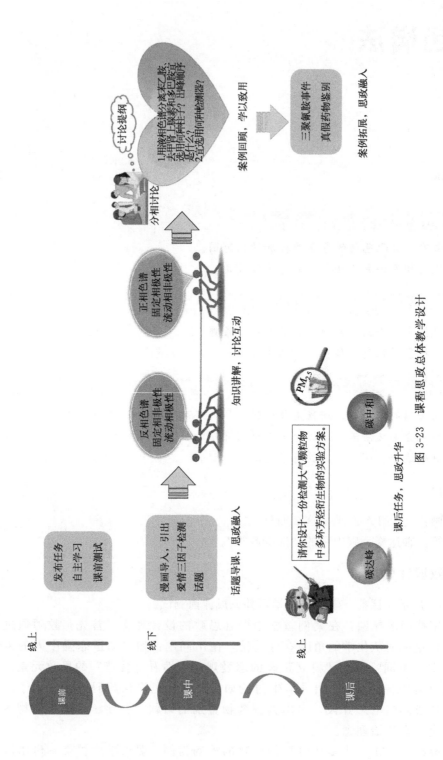

图 3-23 课程思政总体教学设计

4. 具体教学设计

【活动一】 课程导入

以"爱上 TA 原来是这么回事"一则小漫画为切入点,与学生讨论从化学的角度讲述爱情也是一种化学反应,引出话题:如何用液相色谱法检测人体中的苯乙胺、多巴胺、去甲肾上腺素爱情三因子?

思政元素:树立正确的恋爱观,理性看待爱情。

【活动二】 知识点讲授:液液分配色谱基本原理

教师讲授液相色谱常用的两种方法正相色谱和反相色谱基本原理,互动、讨论引导学生掌握色谱两相的极性对出峰时间的影响,并通过课堂测完成知识内化。

【活动三】 小组讨论:液相色谱法解码爱情三因子的条件优化

回顾导课案例,分组讨论(见图 3-24),引导学生根据爱情三因子的结构优选色谱分离条件。通过案例分析,培养学生分析问题、解决问题的能力。

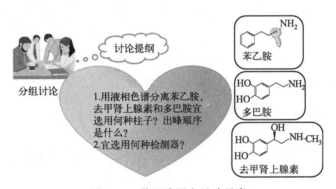

图 3-24 学以致用之思政元素

【活动四】 案例拓展

通过电影视频小片段,与学生讨论真假药物的鉴别,融入社会主义法治理念。

思政元素:诚实守信,明确社会主义法治理念。

【活动五】 课堂小结、布置作业:检测大气颗粒物中多环芳烃衍生物的实验方案设计(思政考核)

以 $PM_{2.5}$ 中多环芳烃衍生物的检测为例,要求学生提交一份用液相色谱法检测大气颗粒物中多环芳烃衍生物的实验方案。融入碳达峰、碳中和的科学发展观。

思政元素:节能减排,明确碳达峰、碳中和的科学发展观。

第 4 章
物理化学课程思政教学设计

- 案例 1 ▶ 电化学中的基本概念和电解定律
- 案例 2 ▶ 电解质溶液的电导
- 案例 3 ▶ 表面张力及表面 Gibbs 自由能——生活中的表（界）面现象
- 案例 4 ▶ 光化学反应——碳中和下的光解水制氢
- 案例 5 ▶ 溶胶的电学性质、双电层理论和 ζ 电势
- 案例 6 ▶ 水的相图
- 案例 7 ▶ 热力学基本方程
- 案例 8 ▶ 热力学第一定律
- 案例 9 ▶ 熵
- 案例 10 ▶ 热力学第三定律

案例 1
电化学中的基本概念和电解定律

1. 教学目标

知识目标

（1）知道电化学中的基本概念。
（2）知道法拉第电解定律。

能力目标

（1）会分辨原电池和电解池、阴极和阳极、正极和负极。
（2）会利用法拉第电解定律进行电解反应的计算。

思政目标

（1）培养联系思维和归纳与分析能力。
（2）培养献身科学、励精图治、勇于创新的科学精神。
（3）渗透辩证唯物主义认识论。

2. 教学素材

（1）人物报道：法拉第的生平。
（2）实例：法拉第电解定律计算实例。

3. 课程思政的设计思路

如图 4-1 所示，课前，教师通过学习通发布学习任务，要求学生复习原电池和电解池相关知识，并完成课前小测，为课中知识迁移做准备。

课中，教师基于学生对电流方向、原电池的理解，引导学生归纳与分析原电池、电解池、正极、负极、阳极、阴极等基本概念的联系与区别，培养学生联系思维、自我归纳与分析能力。随后，基于学生对物质转化与能量守恒的理解引入法拉第定律，以法拉第的故事，培养学生献身科学、勇于创新的科学精神；在电解池电解反应过程中通入电荷量的计算，提升学生灵活应用法拉第定律解决实际问题的能力。

课后，教师发布讨论话题：谈谈法拉第电解定律在电化学中的意义。引导学生查阅资料，将法拉第电解定律从理论认知上升到实践认知，渗透辩证唯物主义认识论。

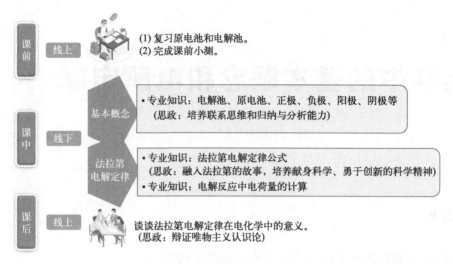

图 4-1　课程思政设计思路

4. 具体教学设计

【活动一】 课前准备

发布学习任务，要求学生复习原电池和电解池知识，并完成课前小测。

【活动二】 课程导入

首先引导学生回顾电流方向的规定、原电池、电解池的核心知识，让学生在旧知的基础上，归纳与分析原电池和电解池中的基本概念"阳极""阴极""正极""负极"等的区别与联系，提高学生归纳与分析的能力。

思政元素：培养联系思维和归纳与分析能力。

【活动三】 知识点讲授：法拉第电解定律

基于学生对物质转化与能量守恒定律的认知，通过连续设问引导学生思考并回答：电解池和原电池中是否也存在能量转化与守恒现象？若存在，请问电解池和原电池中涉及的是哪种类型的能量转化与守恒现象？如何描述这一类型的能量转化与守恒现象？从而引出法拉第电解定律。再通过法拉第的科研事迹，引入思政元素，培养学生献身科学、励精图治、勇于创新的科学精神（见图 4-2）。

思政元素：培养献身科学、励精图治、勇于创新的科学精神。

【活动四】 实例讲解：法拉第电解定律的计算及应用

以电解中通入电荷量的计算为例，师生互动，进行法拉第电解定律的应用，提升学生灵活应用法拉第定律解决实际问题的能力。

【活动五】 随堂练习，深化知识

以小组为单位开展课堂练习。根据学生答题情况，教师讲清、讲明干扰项和陷阱项，深化学生对知识的理解和掌握，提高辨识能力。

【活动六】 归纳小结，布置任务

小结本节知识，布置作业，并在学习通发布课后讨论题：谈谈法拉第电解定律在电化学电解池和原电池中是否也存在能量转化与守恒现象？

存在。

电解池和原电池中涉及的是哪种类型的能量转化与守恒现象？

如何描述这一类型的能量转化与守恒现象？

法拉第定律

$Q=zF\xi$

z——电极反应的电荷数
ξ——反应进度
F——法拉第常数

迈克·法拉第(Michael Faraday, 1791—1867)　　迈克·法拉第塑像(伦敦萨沃伊广场工程科技学会大楼外)

"我的一生，用科学来侍奉上帝。"
——法拉第

科学精神

"勇攀高峰、敢为人先的创新精神，追求真理、严谨治学的求实精神，淡泊名利、潜心研究的奉献精神。"

图 4-2　法拉第及法拉第电解定律

中的意义。引导学生查阅资料，将法拉第电解定律从理论认知上升到实践认知。

思政元素：渗透辩证唯物主义认识论。

案例 2

电解质溶液的电导

1. 教学目标

知识目标

(1) 知道电导、电导率、摩尔电导率。
(2) 知道电导率、摩尔电导率与溶液浓度的关系。
(3) 知道离子独立移动定律和离子的摩尔电导率。

能力目标

(1) 会表述电导、电导率、摩尔电导率的定义。
(2) 会描述电解质溶液电导率、摩尔电导率与浓度的关系。
(3) 会描述离子独立移动定律和离子的摩尔电导率。
(4) 会利用有关溶液电导数据解决实际问题。

思政目标

(1) 以发展的眼光看待事物。
(2) 培养敢于假设、极限推导的科研思维。
(3) 培养理论联系实际、解决实际问题的能力。
(4) 树立专业自豪感。

2. 教学素材

(1) 图片：电导率、摩尔电导率及其与浓度的关系。
(2) 科研报道：电导率传感器的应用。

3. 课程思政的设计思路

如图 4-3 所示，课前，教师通过学习通发布学习任务，要求学生复习电阻、欧姆定律等知识，并完成课前小测，为学习新知识打好基础。

课中，教师结合学生对电阻、欧姆定律的认识，引入电导。教师在讲解"电导→电导率→摩尔电导率"的概念演进过程中，让学生看到人类思考问题的脉络，培养学生以发展的眼光看待事物。

基于师生互动，进行电解质溶液电导率、摩尔电导率与浓度关系的图表分析，归纳出电导率、摩尔电导率随浓度变化的关系，引出科尔劳施（Kohlrausch）通过实验获得的低浓度下强电解质溶液摩尔电导率与浓度的线性关系，并基于外推法获得极限摩尔电导率，让学生认识到线性化方法是自然科学研究中的普遍方法。进一步引导学生思考得出极限情况下离子的移动与物质无关，随后引出离子独立运动定律，培养学生敢于假设、极限推导的科研思维。运用离子独立运动定律进行水的纯度的检验、弱电解质的解离度和解离常数的计算、难溶盐溶解度的测定等应用，培养学生理论联系实际、解决实际问题的能力。

课后，教师发布话题讨论：你知道电导率传感器吗？它在现实生活中有哪些方面的应用？在扩展学生知识面的同时，让学生切身体会到电导学习的重要性，树立专业自豪感。

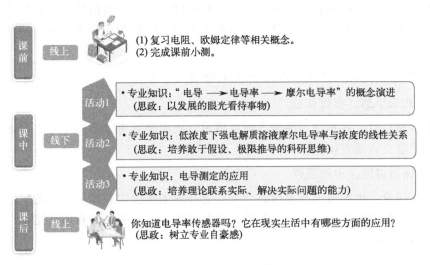

图 4-3 课程思政设计思路

4. 具体教学设计

【活动一】 课前准备

发布学习任务，要求学生复习电阻、欧姆定律等知识，并完成课前小测。

【活动二】 课程导入

教师引导学生回顾电阻、欧姆定律，以"在你们的认知中，电阻、欧姆定律主要用于描述哪一类导体？电子导体还是离子导体"引出"电导"概念。随后教师讲授"电导→电导率→摩尔电导率"这3个概念的演进过程：为解决溶液表征时电导可比性不佳而引入"电导率"概念；因电解质溶液电导率随浓度变化明显，且变化关系非单调，引入"摩尔电导率"。"电导→电导率→摩尔电导率"的概念演进过程使学生看到人类思考问题的脉络，培养学生以发展的眼光看待事物。

思政元素：以发展的眼光看待事物。

【活动三】 知识点讲授：电导率、摩尔电导率及其与浓度的关系

教师组织学生分析某些电解质的电导率、摩尔电导率随浓度变化的曲线图，引导学生尝试性归纳电导率、摩尔电导率与浓度的关系，随后教师给出 Kohlrausch 经验公式：

$$\Lambda_m = \Lambda_m^\infty(1-\beta\sqrt{c})$$

公式中极限摩尔电导率（Λ_m^∞）是如何得到的呢？随着这个问题的提出，教师引出Kohlrausch通过实验获得低浓度下强电解质溶液摩尔电导率与浓度的线性关系，并基于外推法获得极限摩尔电导率，让学生认识到线性化方法是自然科学研究中的普遍方法。

那么在无限稀释溶液中，每种离子的移动受不受其他离子的影响呢？教师引导学生大胆思考，随后引出离子独立移动定律。

思政元素：培养敢于假设、极限推导的科研思维。

【活动四】 知识点升华：电导测定的应用

围绕电导在水的纯度的检验、弱电解质的解离度和解离常数的计算、难溶盐溶解度的计算三方面的应用，师生互动，讲练结合，将理论知识与实际应用联系起来，提升学生解决实际问题的能力。

思政元素：培养理论联系实际、解决实际问题的能力。

【活动五】 知识小结，布置作业

小结本节知识点，并在学习通发布随堂练习，巩固电导率、摩尔电导率与溶液浓度的关系，巩固离子独立运动定律。

【活动六】 课后讨论，思政延伸

发布话题讨论：你知道电导率传感器吗？它在现实生活中有哪些方面的应用？在教师的参与和引导下，扩展学生的知识面，渗透化学知识在人类文明中的重要作用。

思政元素：树立专业自豪感。

案例 3
表面张力及表面 Gibbs 自由能——生活中的表（界）面现象

1. 教学目标

知识目标

（1）了解表（界）面现象。
（2）知道表（界）面现象形成的根本原因。
（3）知道表面张力、表面 Gibbs 自由能。

能力目标

（1）会表述各类表（界）面。
（2）会描述表（界）面现象与分散度间的关系。
（3）会表述表（界）面张力、表（界）面自由能的区别与联系。
（4）会表述影响水溶液表面张力的因素。

思政目标

（1）感知与创造生活中的美。
（2）理论与实践融合，培养积极探索的科学精神。
（3）感知生活中的科学，提升理论联系实际的能力。

2. 教学素材

（1）图片：清晨叶片或花瓣上的露珠。
（2）演示实验：两水杯中装满水，分别加入少量食盐、花生油，观察实验现象。

3. 课程思政的具体设计思路

如图 4-4 所示，课前，教师在学习通发布学习任务，要求学生预习"表面张力及表面 Gibbs 自由能"，找找生活中的表（界）面现象，为课中学习做准备。

课中，教师以生活中的表（界）面现象为依托，让学生从生活中发现美、挖掘美、创造美，引导学生从相出发理解界面，掌握界面现象形成的根本原因，及界面现象与物质分散度之间的关系。以活动线框肥皂膜的收缩为例，引出表面张力、表面功及表面自由能。最后以

"装满水的杯子里加入食盐或花生油,观察水是否溢出"的演示实验来理解水溶液表面张力是受加入的物质种类、浓度大小影响的,解释生活中的表(界)面现象,在理论与实验融合中,培养学生积极探索的科学精神。

课后,教师通过学习通发布话题讨论:你还能从生活中发现哪些表(界)面现象?请举出几例生活中常见的表面活性物质、非表面活性物质。让学生感知生活中的科学,提升理论联系实践的能力。

图 4-4　课程思政设计思路

4. 具体教学设计

【活动一】　课前准备

发布学习任务,要求学生预习"表面张力及表面 Gibbs 自由能",找找生活中的表(界)面现象,为课中学习做准备。

【活动二】　课程导入

以"清晨叶片或花瓣上的露珠的球形、杯子里的水满不溢出"为切入点,引导学生发现生活中的科学现象,提高学生感知与创造生活中的美的能力。由这些生活中的表(界)面现象,通过不同的相,引导学生了解不同类型的界面,并带领学生分析界面分子的受力情况,归纳界面现象形成的根本原因。

思政元素:感知与创造生活中的美。

【活动三】　知识点传授:表面张力、表面自由能

以立方体的切割为例,组织学生以小组为单位计算并得出:粒子分割得越小,表面积越大。然后再以不同粒径的、相同质量的水珠为例,对比分析两者的表面积及表面能,并让学生归纳获得:表面积大、表面能大,巨大表面系统是热力学不稳定系统,总有降低表面能的倾向。接着以活动线框中的肥皂膜的收缩为例讲解表面张力的定义,并引出表面功及表面自由能。

【活动四】　知识点拓展:影响水溶液表面张力的因素

带着"装满水的杯子一定会溢出水吗"这一疑问,教师演示实验:往装满水的两个杯子

中分别加入少量食盐、花生油,观察实验现象,分析其背后的原因。加入食盐,水不溢出,原因是表面张力增大;加入花生油,水溢出,原因是表面张力降低。教师进一步讲授表面张力与溶液浓度的关系,根据表面张力与溶液浓度的关系对溶液的溶质进行分类:表面活性物质(含表面活性剂)、非表面活性物质。

思政元素:理论与实践融合,培养积极探索的科学精神。

【活动五】 知识小结,随堂小测

小结本节知识点,并在学习通发布随堂小测,巩固对表面张力、表面自由能的理解。

【活动六】 课后讨论,思政延伸

通过学习通发布话题讨论:你还能从生活中发现哪些表(界)面现象?请举出几例生活中常见的表面活性物质、非表面活性物质。

思政元素:感知生活中的科学,提升理论联系实践的能力。

案例 4
光化学反应——碳中和下的光解水制氢

1. 教学目标

知识目标

(1) 了解光化学反应的特征。
(2) 知道光化学最基本定律。
(3) 知道量子产率概念及表达式。

能力目标

(1) 会描述光化学反应和热化学反应的区别。
(2) 会用光化学最基本定律处理简单光化学反应的动力学问题。

思政目标

(1) 培养人与自然和谐发展的绿色科学发展观。
(2) 培养为科技进步而努力学习的社会责任感与使命感。

2. 教学素材

(1) 报道：能源危机与环境保护。
(2) 图片：环境污染。
(3) 报道：光解水制氢。

3. 课程思政的设计思路

如图 4-5 所示，课前，教师在学习通发布学习任务，要求学生阅读有关能源危机与环境保护方面的文章，并参与讨论：为什么要推动绿色低碳发展？教师以此为契机对学生开展双碳理念教育，培养学生关于人与自然和谐发展的绿色科学发展观。

课中，教师以"能源现状与危机""环境污染与保护"等话题进行导课，抛出问题：面对"能源危机""环境问题"，我们该怎么办？引导学生思考并回答缓解能源危机、保护环境的方法，借机引出氢能的优点，并说明现今通常采用传统能源水解制氢，不仅消耗大量的化石能源，而且仍然面临对环境无益的污染物的排放，但光解水制氢不仅能有效利用太阳能资源，而且产物（氢气和氧气）对环境无害，以此强化学生关于人与自然和谐发展的绿色科学发展观。

基于光解水制氢，引入光化学反应，让学生了解光化学反应的特征：初级过程、次级过程；教师讲授光化学反应的基本定律，进一步引导学生理解光解水制氢的反应动力学及量子产率，然后引入关于光解水制氢的最新研究报道，引导学生思考提高光解水制氢的量子产率需要解决的关键问题，以此增强为科技进步而努力学习的社会责任感与使命感。

课后，教师在学习通发布讨论：除光解水制氢外，请同学查阅资料，了解是否存在其他环境友好的光催化反应。在拓宽学生专业视野过程中，强化学生的社会责任感与使命感。

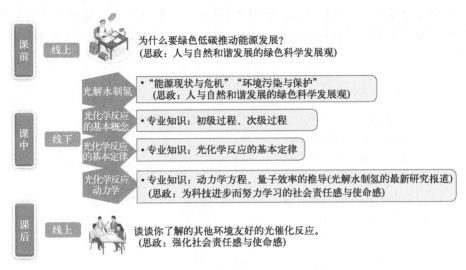

图 4-5　课程思政设计思路

4. 具体教学设计

【活动一】 课前准备

发布学习任务，要求学生阅读有关能源危机与环境保护方面的文章，并参与讨论：为什么要推动绿色低碳发展？教师以此为契机对学生开展双碳理念教育。

思政元素：培养人与自然和谐发展的绿色科学发展观。

【活动二】 课程导入

以"能源危机、环境问题"为切入点，引导学生思考能源替代、环境保护之路，再次培养学生人与自然和谐发展的绿色科学发展观。以传统能源天然气的燃烧和氢能的燃烧对比，引导学生利用已有化学热力学知识对比分析单位质量天然气和氢气燃烧反应所释放的能量、产物情况，得出氢能是一种极具应用前景的新型能源，制氢是能缓解能源危机、保护环境的一种可行之法的结论。接着进一步让学生讨论水解制氢的热化学反应特征，得到水解制氢的化学反应是吸热反应且反应的发生需在高温条件下这一结论后，引出光解制氢是现今科学界备受关注的制氢的可行之路，引出光化学反应的定义。

思政元素：培养人与自然和谐发展的绿色科学发展观。

【活动三】 知识点传授：光化学反应

以光解水制氢为例，教师讲解光化学反应的初级过程、次级过程，并组织学生对比分析初级过程与次级过程的区别。随后教师讲解光化学反应基本定律、量子产率的概念，重点强调量子产率的表述方式，引导学生对比不同量子产率表达方式的优缺点。

【活动四】 知识点内化：光化学反应

按照图 4-6，教师介绍最新报道的"光解水制氢的反应机理"，以问题"在光解水制氢中，提高氢气产量的关键因素是什么"引导学生围绕光在反应中的作用及光量子效率的计算等进行讨论，得到提高氢气产量的关键在于光的利用率要提高的结论。

此时，教师引出现今光解水制氢科学研究中的困境：光照射在催化剂上会产生空穴和电子，空穴和电子容易复合，导致反应的量子产率小于1。因此，提高量子产率的关键在于开发空穴和电子复合率低的新型光催化剂，由此激发学生为科技进步而努力学习的社会责任感与使命感。

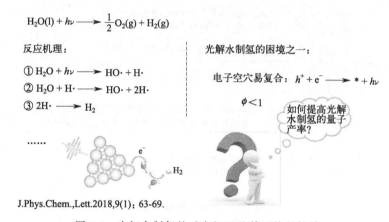

图 4-6 光解水制氢的反应机理及其面临的挑战

思政元素：树立社会责任感与使命感。

【活动五】 知识点传授：光化学反应动力学

教师以反应 $A_2 + h\nu \longrightarrow 2A$ 为例，详细讲解光化学反应动力学，使学生能够理解光化学反应速率方程、量子效率的计算方法。

【活动六】 知识总结，布置作业

总结本节知识点，通过学习通发布课后作业，巩固光化学反应速率、量子产率的计算。

【活动七】 课后讨论，知识拓展

学习通发布讨论：谈谈你了解的其他环境友好的光催化反应。拓宽学生专业知识面，延伸绿色环保教育。

思政元素：强化社会责任感与使命感。

案例 5
溶胶的电学性质、双电层理论和 ζ 电势

1. 教学目标

知识目标

(1) 知道溶胶电动现象。
(2) 知道双电层模型及 ζ 电势。

能力目标

(1) 会归纳固体表面产生定位离子的原因。
(2) 会描述电泳、电渗、沉降电势和流动电势的特征。
(3) 会表述双电层理论模型。

思政目标

(1) 培养社会责任感和使命感。
(2) 培养可持续发展观。
(3) 培养迎难而上、不惧挑战的品质。

2. 教学素材

(1) 报道：血红蛋白及糖化血红蛋白电泳、电泳涂漆、静电除尘、泥土和泥炭脱水等应用。
(2) 文献：双电层理论发展史。

3. 课程思政的设计思路

如图 4-7 所示，课前，教师在学习通发布学习任务，要求学生复习溶胶的结构，并收集"双电层理论发展史"方面的资料，为课中交流做准备。

课中，教师在引导学生回顾溶胶结构时，强调胶粒带电原因，随后切入主题——电动现象（电泳、电渗、沉降电势、流动电势），并通过实际应用案例讲解（血红蛋白及糖化血红蛋白电泳、电泳涂漆、静电除尘、泥土和泥炭脱水等），让学生感受知识服务生活、需求推动发展，培养学生社会责任感和使命感。

各小组在分享课前收集的双电层理论发展史时，教师顺势启发学生"科学的发现始于问

题,问题来源于怀疑和批判精神",我们需要用发展的眼光看待问题,培养学生可持续发展观。

最后,教师围绕学生难以理解的双电层模型加以解释,加深学生对ζ电势的理解,引导学生面对难题应学会抽丝剥茧、逐一突破,培养学生迎难而上、不惧挑战的品质。

课后,教师发布话题讨论:随着科技的发展和技术的进步,人们对于事物的研究和认识逐步深入,使得人们对一些概念的认识和理解不断深化。除了双电层理论,物理化学课程中还有许多理论的发展史,请从中找出一例。

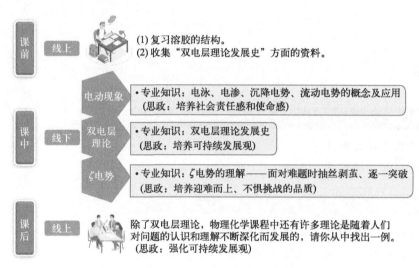

图 4-7 课程思政设计思路

4. 具体教学设计

【活动一】 课前准备

发布学习任务,要求学生复习溶胶的结构,并收集"双电层理论发展史"方面的资料,为课中交流做准备。

【活动二】 课程导入

由溶胶的结构引导学生得出胶粒能带电的结论,随后抛出问题:从溶胶结构看,胶粒带电,但带电的原因是什么?引导学生归纳固体表面产生定位离子的原因。

【活动三】 知识点讲授:电动现象

教师讲授胶粒带电原因后,引入电动现象,接着分别讲解电泳、电渗、沉降电势、流动电势。在讲解电泳特征后,举例介绍电泳的应用:(1)血红蛋白及糖化血红蛋白电泳。根据蛋白电泳方向和速度的差异性,可以判断是否有异常血红蛋白带。(2)电泳涂漆。在铝材行业广泛应用丙烯酸阳极电泳漆来保护铝制品,这样生产出的铝制品,光泽度在50°~90°之间而且漆膜较薄。(3)静电除尘实际就是尘烟气溶胶的电泳现象。(4)工业和工程中的泥土和泥炭的脱水是电渗的应用。让学生感受知识服务生活、需求推动发展,培养学生社会责任感和使命感。

思政元素:培养学生社会责任感和使命感。

【活动四】 小组任务：双电层理论发展史

各小组分享课前收集的双电层理论发展史。教师组织学生讨论后，引导学生关注：Guoy-Champan 质疑 Holmholtz 的紧密双层模型，建立了扩散层模型；面对 Guoy-Champan 扩散层模型无法赋予 ζ 电势明确的物理意义，Stern 进行了进一步的修正，提出 Stern 模型。启发学生"科学的发现始于问题，问题来源于怀疑和批判精神"，我们需要用发展的眼光看待问题，培养学生可持续发展观。

思政元素：培养学生可持续发展观。

【活动五】 知识点讲授：双电层的 Stern 模型

教师详细讲解双电层的 Stern 模型，并以外加电解质对 ζ 电势的影响为突破口，加深学生对 ζ 电势的理解，引导学生面对难题应学会抽丝剥茧、逐一突破，培养学生迎难而上、不惧挑战的品质。

思政元素：培养学生迎难而上、不惧挑战的品质。

【活动六】 知识小结，随堂小测

总结本节知识点，并在学习通发布随堂小测，巩固溶胶的电学性质、ζ 电势。

【活动七】 课后讨论，思政延伸

学习通发布话题讨论：随着科技的发展和技术的进步，人们对于事物的研究和认识逐步深入，使得人们对一些概念的认识和理解不断深化。除了双电层理论，物理化学课程中还有许多理论的发展史，请从中找出一例。

思政元素：强化学生可持续发展观。

案例 6
水的相图

1. 教学目标

知识目标
（1）知道水的相图。
（2）知道水的三相点。

能力目标
（1）会描述水的相图特征。
（2）会区分水的三相点和冰点。

思政目标
（1）培养勤于思考、善于钻研的科学精神。
（2）培养勇于创新、锲而不舍、坚韧不拔的创新意识和工匠精神。
（3）以"榜样力量"培养学生优秀品质。

2. 教学素材

（1）图片：水的相图。
（2）视频：老夫子的故事——黄子卿。

3. 课程思政的设计思路

如图 4-8 所示，课前，教师通过学习通发布学习任务，要求学生复习相律方面的知识，并完成课前小测，为新知识学习打好基础。

课中，水的相平衡具有单组分多相平衡系统的通性，因此学生对水的相图的理解和掌握是学好单组分多相平衡的关键。为此，教师采用启发式教学，按照点、线、面的逻辑顺序，引导学生由浅入深，逐渐理解水的相图特征，在提高学生相图分析能力的同时，也培养了学生勤于思考、善于钻研的科学精神。

我国物理化学奠基人之一黄子卿先生精准测得水的三相点为 0.00980℃±0.00005℃，这一结果成为 1948 年国际实用温标（IPTS—1948）选择基准点——水的三相点的参照数据之一。教师在讲到水的三相点时融合黄子卿先生这一重要贡献，通过播放"老夫子的故事——黄子卿"视频，启迪学生要以老一代科学家为榜样，树立勇于创新、锲而不舍、坚韧不拔的创新意识和工匠精神。

课后，教师在学习通发布讨论：收集黄子卿先生的相关科学事迹，分析黄子卿先生身上有哪些值得我们学习的优秀品质。

图 4-8　课程思政设计思路

4. 具体教学设计

【活动一】 课前准备

教师通过学习通发布学习任务，要求学生复习相律方面的知识，并完成课前小测。

【活动二】 旧知回顾

教师引导学生回顾单组分系统的相律分析，为新知学习打基础。

【活动三】 知识点讲解：水的相图

教师通过启发式教学，围绕点、线、面引导学生熟悉水的相图，然后组织学生讨论分析水在不同相区、相线、相点所呈现的相的状态、相数、自由度。

通过学习通发布判断题：水的三相点就是水的冰点。学生作答后，教师给出答案"水的三相点与水的冰点不同"，并设问引导学生思考：（1）水的冰点的定义；（2）水的相图上所呈现的三相点的特征。随后让学生在对比中得出水的三相点与冰点不同的原因。

思政元素：培养学生勤于思考、善于钻研的科学精神。

【活动四】 知识点拓展：水的三相点的精准测定

教师强调水的三相点为 273.16K，是热力学温度的唯一基准点，也是 1990 年国际温标（ITS—1990）定义的最基本的、极其重要的固定点，而世界上精准测定水的三相点的第一人是我国物理化学奠基人——黄子卿先生（见图 4-9）。接着播放黄子卿先生测定水的三相点的视频，让学生直观感受到黄子卿先生在长达一年时间里不断反复测试，最终取得重要成果的严谨科学态度，培养学生勇于创新、锲而不舍、坚韧不拔的创新意识和工匠精神。

思政元素：培养学生勇于创新、锲而不舍、坚韧不拔的创新意识和工匠精神。

黄子卿，家名荫荣，字碧帆。1900年1月2日出生于广东省梅州市梅县区槐子岗村。

1934年6月黄子卿赴美国，在麻省理工学院，师从热力学名家比泰 (J. A. Beattie)，做热力学温标的实验研究，精确测定了水的三相点。

① 冰点的确定：水样纯化、冰点瓶中水样含饱和气量稳定；实际压力的修正；杂质对冰点影响的修正等。
② 三相点的确定：三相点瓶材料的精选、严格清洗、杂质影响的修正等。
③ 冰点和三相点温差的测定。

严谨的科学态度、精密的实验设计、经过长达一年的反复测试

——科学精神

图 4-9 黄子卿先生对水的三相点的贡献

【活动五】 知识小结，随堂测试

小结本节知识点，并在学习通发布课堂测试，巩固学生对水的相图的理解和掌握。

【活动六】 课后讨论，思政延伸

学习通发布话题讨论：收集黄子卿先生的科学事迹，分析黄子卿先生身上有哪些值得我们学习的优秀品质。

思政元素：以"榜样力量"培养学生优秀品质。

案例 7
热力学基本方程

1. 教学目标

知识目标
（1）知道热力学基本方程表达式。
（2）知道对应系数关系式。

能力目标
（1）能够推导热力学基本方程、对应系数关系式。
（2）能够应用热力学基本方程和对应系数关系式解决相关问题。

思政目标
（1）培养独立思考和科学探究精神。
（2）掌握事物普遍联系的辩证唯物主义方法论。

2. 教学素材

图片：北朝民歌《敕勒歌》以及港珠澳大桥。

3. 课程思政的设计思路

如图 4-10 所示，课前，教师通过学习通发布学习任务，要求学生复习焓（H）、吉布斯自由能（G）及亥姆霍兹自由能（A）三个热力学函数，并完成课前小测，为课中学习做好知识储备。

课中，教师从回顾 H、G 及 A 三个热力学函数的定义式开始，在发挥学生学习主动性的前提下，指导学生逐步推导出 H、G、A、U、S 五个热力学函数之间的关系式和四个热力学基本方程，从而培养学生独立思考和科学探究精神。

接着教师引导学生分析四个热力学基本方程推导的条件，询问：可逆过程是不是热力学基本方程的必要条件？为了引导学生找到答案，教师提醒学生几个热力学函数之间存在着相互依赖关系，要利用已有基础知识进行发掘，即事物总是相互联系、相互制约的，相互联系是物质的普遍本性之一，以此激发学生思考，引导学生从状态函数性质的角度寻找答案。

课后，教师通过学习通发布话题讨论：本节内容的学习向我们展现了事物普遍联系的唯物主义观点，请谈谈你是如何理解热力学函数之间的关系的？试从日常生活中找出一个例子。将思政教育从课中延伸到课下，强化事物普遍联系的辩证思想。

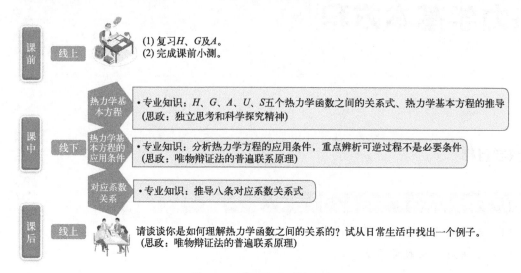

图4-10　课程思政设计思路

4. 具体教学设计

【活动一】 课前准备

教师通过学习通发布学习任务，要求学生复习焓（H）、吉布斯自由能（G）及亥姆霍兹自由能（A）三个热力学函数，并完成课前小测。

【活动二】 课程导入

教师引导学生回顾焓（H）、吉布斯自由能（G）及亥姆霍兹自由能（A）三个热力学函数的定义式。

【活动三】 知识点讲授：热力学基本方程的推导

教师引导学生推导出 H、G、A、U、S 五个热力学函数之间的关系式，并用图示法表示。在物理化学中，更多的是关注热力学函数的变化值，因此教师进一步引导学生结合热力学第一定律和热力学第二定律的表达式联合推导出 dU 的表达式，即

$$dU = TdS - pdV$$

那么如何借助上述五个热力学函数之间的关系式和 dU 的表达式推导出其他几个函数 dH、dA、dG 的表达式呢？教师抛出上述问题，引发学生思考，并在学生自主探究下，推导得到其他三个热力学的基本关系式：

$$dH = TdS + Vdp$$
$$dA = -SdT - pdV$$
$$dG = -SdT + Vdp$$

思政元素：培养独立思考和科学探究精神。

【活动四】 知识点讲授：热力学基本方程的应用条件

教师引导学生分析四个热力学基本方程推导的条件，即组成不变，不做体积功的封闭系统，且发生的过程为可逆过程。那么可逆过程是不是热力学基本方程的必要条件呢？激发学生思考，引导学生从状态函数性质的角度寻找答案。

几个热力学函数之间存在着相互依赖关系，只有善于利用已有基础知识进行发掘，才能找到它们之间的关系式及正确的应用条件。此时教师对学生展开思政教育，即客观世界总是相互联系、相互制约的，相互联系是物质的普遍本性之一。教师向学生展示北朝民歌《敕勒歌》以及港珠澳大桥的图片（见图4-11），根据呈现的图片简述事物间的联系以及人与事物之间的联系。

图 4-11　事物普遍联系的图片

思政元素：掌握唯物辩证法的普遍联系原理。

【活动五】 知识点讲授：对应系数关系

教师引导学生从热力学基本方程推导出八条对应系数关系式，并分析其意义，让学生更清晰地知道不同热力学函数与系统性质的依赖关系。此时教师进一步强调普遍联系的哲学观点，并通过下列对应系数关系式，组织学生分析不同状态的物质（气体、液体、固体）在等温加压过程中 G 的变化，巩固加深对知识点的理解。

【活动六】 随堂练习，知识内化

通过学习通发布随堂练习。在讲解练习答案时总结本节知识点，帮助学生内化对热力学基本方程的深入理解。

【活动七】 课后讨论，思政延伸

通过学习通发布话题讨论：本节内容的学习向我们展现了事物普遍联系的唯物主义观点，请谈谈你是如何理解热力学函数之间的关系的？试从日常生活中找出一个例子。

思政元素：掌握唯物辩证法的普遍联系原理。

案例 8
热力学第一定律

1. 教学目标

知识目标

（1）知道热力学能的基本概念。
（2）知道热力学第一定律。

能力目标

（1）能够应用热力学第一定律解释相关现象。
（2）能够应用热力学第一定律进行计算。

思政目标

（1）培养持之以恒的科学探究精神。
（2）培养尊重科学、实事求是的科学精神。
（3）树立正确的三观。
（4）激发挖掘科学本质的探究精神。

2. 教学素材

（1）报道：英国化学家、物理学家 Joule 的生平。
（2）图片：第一类永动机。
（3）动画：第一类永动机的动画展示。

3. 课程思政的设计思路

如图 4-12 所示，课前，教师通过学习通发布学习任务，要求学生预习热力学第一定律，并完成课前小测，为课中学习做好准备。

课中，本节内容从热功当量实验引入，强调 Joule 进行热功当量实验 20 多年，培养学生持之以恒的科学探究精神。进一步讲授热力学能的定义和热力学第一定律，在讲解热力学第一定律的第二种表述方式——第一类永动机不可能制成时，教师通过漫画图片展示什么是第一类永动机，并说明这一类永动机永远不可能制成的原因。此处以"第一类永动机"为切入点，引入尊重科学、实事求是的思政点。此外，此处还根据第一类永动机永远不可能制成的定律引出"幸福都是奋斗出来的"思政点。进一步讲述热力学能的全微分方程，布置作业。

课后，教师发布话题讨论：热力学第一定律和能量守恒定律有何关系？热力学第一定律是如何体现"守恒"特征的？激发学生独立思考，培养学生善于挖掘科学本质的学习态度。

图 4-12　课程思政设计思路

4. 具体教学设计

【活动一】　课前准备

教师通过学习通发布学习任务，要求学生预习热力学第一定律，并完成课前小测。

【活动二】　课程导入

教师讲述热功当量实验的基本内容，强调 Joule 进行热功当量实验 20 多年，并简述 Joule 的生平，培养学生持之以恒的科学探究精神。接着引出能量转化与守恒定律，说明系统总能量的组成，除了系统整体运动的动能（T），系统在外力场中的位能（V），还包含热力学能（U）。

思政元素：培养持之以恒的科学探究精神。

【活动三】　知识点讲授：热力学能（U）的定义

教师讲述热力学能的定义，即系统内各种形式能量的总和，并说明系统的热力学能和物质的量、温度、体积和压力等因素有关系，并引导学生分析得到对于一定量的理想气体，热力学能只是温度的函数。

【活动四】　知识点讲授：热力学第一定律

教师结合能量转化与守恒定律，引导学生学习热力学第一定律的表达式及物理意义，解析公式中各参数的含义、单位等，并阐明热力学第一定律是能量转化与守恒定律在涉及热现象宏观过程中的具体表述，强调热力学第一定律是人类长期经验的总结，事实证明违背该定律的实验都以失败告终，这足以证明该定律的正确性。

热力学第一定律表达式：

$$\Delta U = Q + W$$

按照图 4-13，教师通过漫画、动态图展示说明什么是第一类永动机，即违反热力学第一定律的机器就是第一类永动机，并说明这一类永动机永远不可能制成的原因。此时，教师以"第一类永动机"为切入点，说明一切以永动机为噱头的宣传都是骗局，教育学生要尊重科学、实事求是。此外，根据第一类永动机永远不能得到的定律说明"幸福都是奋斗出来的"，不劳而获不可能收获幸福，幸福离不开每个人的脚踏实地、不懈奋斗，帮助学生树立正确的三观。

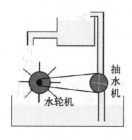 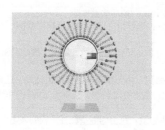 

图 4-13　第一类永动机示例

思政元素：培养尊重科学、实事求是的科学精神；树立正确的三观。

【活动五】 知识点讲授：热力学能全微分方程

教师根据热力学第一定律的表达式讲授热力学能状态函数的性质，引导学生书写物质的量 n 为定值的封闭系统的热力学能全微分方程，进一步讲授热力学能全微分方程的物理意义。

【活动六】 随堂练习，知识内化

通过学习通发布随堂练习，在讲解练习答案时总结本节知识点，帮助学生内化热力学第一定律的基本理论。

【活动七】 课后讨论，思政延伸

通过学习通发布话题讨论：热力学第一定律和能量守恒定律有何关系？热力学第一定律是如何体现"守恒"特征的？激发学生独立思考，培养学生善于挖掘科学本质的学习态度。

思政元素：激发挖掘科学本质的探究精神。

案例 9
熵

1. 教学目标

知识目标

（1）理解 Carnot 定理的内容。
（2）理解熵和 Clausius 不等式的定义。
（3）理解熵增原理的含义。

能力目标

（1）学会 Carnot 定理的论证方法。
（2）掌握熵的定义和 Clausius 不等式的推导方法。
（3）学会熵增原理的应用。

思政目标

（1）培养科学的思维方法和独立思考精神。
（2）树立自律、积极向上的人生态度。

2. 教学素材

图片：生活中混乱与有序的对比图片。

3. 课程思政的设计思路

如图 4-14 所示，课前，教师通过学习通发布学习任务，要求学生预习熵，并完成课前小测，为课中学习做好准备。

课中，教师回顾 Carnot 热机的特点，逐步引导学生利用假设法论证 Carnot 定理的正确性，培养学生科学的逻辑思维方法和循证手段；随后引导学生从 Carnot 可逆循环过程逐步推导得到熵的定义式和 Clausius 不等式，在学习完这部分较难的内容后，教师提问学生、归纳总结，在深化知识内容的同时强化学生对科学思维方法的认识，启发学生独立思考；接着教师进一步讲授熵增原理，阐述熵判据的重要意义，最后展示生活中混乱与有序的对比图片，讲述人类可以通过自律、思考等方式使周围的环境及自身处于有序、低熵的状态，培养学生自律、积极向上的人生态度。

课后，教师通过学习通发布话题讨论：熵增原理给人生带来的启示是什么？请简述你的看法。进一步帮助学生树立良好的自律意识、积极向上的生命观和人生态度。

图 4-14　课程思政设计思路

4. 具体教学设计

【活动一】　课前准备

发布学习任务，要求学生预习熵，并完成课前小测。

【活动二】　课程导入

引导学生回顾 Carnot 热机的特点，结合可逆过程的最大功原理引导学生自行导出 Carnot 定理，即所有工作于同温热源与同温冷源之间的热机，其效率都不可能超过可逆机。

【活动三】　知识点讲授：Carnot 定理的证明

利用假设法假设不可逆热机的热机效率大于可逆热机的效率，借助热机效率的计算公式以及热力学第二定律公式引导学生论证该假设不正确，从而证明得到 $\eta_I \leqslant \eta_R$。教师强调该公式的含义，指出假设法在科学论证中的重要意义，培养学生科学的逻辑思维方法和循证手段。

思政元素：培养科学的逻辑思维方法和循证手段。

【活动四】　知识点讲授：熵的定义，Clausius 不等式

引导学生从 Carnot 可逆循环过程逐步推导得到熵变的定义式，阐述熵变的不同表达形式，重点强调熵变是用可逆过程的热温商来衡量的；进一步引导学生推导不可逆循环过程热温商的特点，结合上述熵变的定义式得到 Clausius 不等式，即热力学第二定律的数学表达式。

熵变的定义　　　　　　　　　　$\Delta S = \sum_i \left(\dfrac{\delta Q_i}{T_i} \right)_R$

Clausius 不等式　　　　　　　　$dS \geqslant \dfrac{\delta Q}{T}$

学完上述内容后，教师提问学生：熵的定义和 Clausius 不等式在推导方法中有何不同

之处？由学生自行探究原因、归纳回答。在深化知识内容的同时强化学生对科学思维方法的认识，启发学生独立思考。

思政元素：培养学生科学的思维方法和独立思考精神。

【活动五】 知识点讲授：熵增原理

结合 Clausius 不等式，教师分别讲授在绝热体系和隔离体系中的熵增原理，引导学生对比二者的联系和区别，重点强调在隔离体系中熵增原理的含义，阐述熵判据的重要意义，指出在隔离体系中，一切能自动进行的过程都引起熵的增大。教师展示生活中混乱与有序的对比图片，讲述人类可以通过自律、思考等方式使周围的环境及自身处于有序、低熵的状态，引导学生树立自律、积极向上的人生态度。

思政元素：树立自律、积极向上的人生态度。

【活动六】 随堂练习，知识内化

通过学习通发布随堂练习。在讲解练习答案时总结本节知识点，帮助学生内化对熵变的定义、Clausius 不等式及熵增原理的深入理解。

【活动七】 课后讨论，思政延伸

通过学习通发布话题讨论：熵增原理给人生带来的启示是什么？请简述你的看法。在话题讨论中进一步帮助学生树立良好的自律意识、积极向上的人生态度。

思政元素：强化自律、积极向上人生态度。

案例 10
热力学第三定律

1. 教学目标

知识目标

（1）知道热力学第三定律。
（2）知道规定熵值。

能力目标

（1）能描述热力学第三定律的推导过程。
（2）能进行化学反应过程的熵变计算。

思政目标

（1）培养持之以恒、开拓创新的精神。
（2）培养理性、严谨的逻辑思维能力。
（3）培养谦逊包容、积极乐观的人生态度。
（4）遵循科学、严谨的标准规范和形成良好的自我约束力。

2. 教学素材

（1）科研报道：热力学第三定律的演变历程。
（2）图片：NO 晶体图片；"三人行，必有我师"。

3. 课程思政的设计思路

如图 4-15 所示，课前，教师通过学习通发布学习任务，要求学生预习热力学第三定律，并完成课前小测，为课中学习做好准备。

课中，教师首先引导学生回顾热力学第二定律，给出需要定义熵值零点的原因，随后由教师讲授热力学第三定律的三个演变阶段，强调任何伟大的发现都不是一蹴而就的，必须要有循序渐进的过程，从而培养学生持之以恒、不断开拓创新的精神。接着由教师引导学生学习完整晶体的概念，阐述热力学第三定律和 Boltzmann 公式之间的关系，引导学生认识到"任何物质都会存在一些能量"，并拓展到个人的价值观，帮助学生培养谦逊包容、积极乐观的人生态度。随后引导学生在上述知识的基础上自主推导规定熵值和化学反应过程熵变的计算公式，锻炼学生理性、严谨的逻辑思维能力。

课后，教师发布话题讨论：在已学的化学知识中，还有哪些知识涉及"零点"选择？从中举出一例"标准"制定的案例。在拓展"标准"这一知识的同时，让学生感受到各行各业都需遵循标准规范，形成有效的约束机制。

图 4-15　课程思政设计思路

4. 具体教学设计

【活动一】　课前准备

教师发布学习任务，要求学生预习热力学第三定律，并完成课前小测。

【活动二】　课程导入

教师引导学生回忆从热力学第二定律推导得到的熵判据：对于隔离系统或绝热系统，$dS \geq 0$。随后引导学生思考并回答：在不能提供熵的绝对值时，热力学第二定律可为熵变的计算提供方法，但这种计算思路的应用关键在于定义一个参考点即零点，那么"零点在哪里"这一问题。引出的正是热力学第三定律所要解决的问题。

【活动三】　知识点讲授：热力学第三定律的演变过程

热力学第三定律并不是突然被发现或者被证明的，而是在不断地研究、探索过程中推理总结得到的。教师按照下面的线索给学生讲解热力学第三定律的演变过程：

（1）1902 年，Richard 发现当温度逐渐降低时，ΔH 和 ΔG 有趋于相等的趋势。即：

$$\lim_{T \to 0K} (\Delta G - \Delta H) = 0$$

（2）1906 年，Nernst 提出一个假设：当温度趋于 0K 时，在等温过程中凝聚态反应系统的熵不变，即 Nernst 热定理：

$$\lim_{T \to 0K} (\Delta G - \Delta H) = \lim_{T \to 0K} (\Delta S)_T = 0$$

（3）1912 年，Plank 把热定理推进一步，假定 0K 时，纯凝聚态的熵值等于零，即：

$$\lim_{T \to 0K} S = 0$$

0K 时物质已成为凝聚态，内部的质点整齐排列，混乱度必然极小。至此热力学第三定律可以表示为：在 0K 时，任何完整晶体的熵等于零。此时，教师总结任何伟大的发现都不是一蹴而就的，必须要有循序渐进的过程，要学会利用前人的发现不断深入探索、开拓创新，从而培养学生持之以恒、不断开拓创新的精神。

思政元素：培养持之以恒、开拓创新的精神。

【活动四】 知识点讲授：热力学第三定律的含义

教师依托 NO 晶体原子排列方式的图片讲授完整晶体的概念，分析热力学第三定律的定义，强调热力学第三定律规定了熵值为 0 这一参考点，其他条件下物质的规定熵值都是针对此参考点的相对值，并阐述热力学第三定律和 Boltzmann 公式之间的关系。接着让学生明白"高于 0K 或非完整晶体的混乱度必然增大，熵必定增加，体系能量必然升高"的道理。最后抛出问题：任何物质是不是都会存在一些能量？引导学生理解：不存在完全一无是处的事物，每个人都有自己的闪光点。对于自己身边的任何人和事，都要保持一份谦逊的态度，三人行，必有我师，任何人都有值得自己学习的闪光点，培养谦逊包容、积极乐观的人生态度。

思政元素：培养谦逊包容、积极乐观的人生态度。

【活动五】 知识点讲授：规定熵值和化学反应过程熵变的计算

既然有了熵值为 0 的起点，那么如何根据热力学第三定律，计算任意物质 B 在一定的 T、p 状态下的规定熵值 S_T 呢？教师针对下列问题逐一进行讲述：

(1) 物质的标准摩尔熵值可以通过查表得到。

(2) 根据公式 $dS = \dfrac{C_p dT}{T}$，结合热力学第三定律的 $S_{0K} = 0$，引导学生逐步推理得到规定熵值 S_T、在 298.15K 条件下的标准摩尔反应熵变以及任意温度下的标准摩尔反应熵变的计算方法。在教师的引导下，发展学生的自主分析、解决问题的能力，培养理性、严谨的逻辑思维能力。

思政元素：培养理性、严谨的逻辑思维能力。

【活动六】 随堂练习，知识内化教师

通过学习通发布随堂练习。在讲解练习答案时总结本节知识点，帮助学生内化对热力学第三定律、化学反应过程熵变计算的理解。

【活动七】 课后讨论，思政延伸

教师发布话题讨论：在已学的化学知识中，还有哪些知识涉及"零点"选择？从中举出一例"标准"制定的案例。在拓展"标准"这一知识的同时，让学生感受到各行各业都需遵循标准规范，形成有效的约束机制。

思政元素：遵循科学、严谨的标准规范和形成良好的自我约束力。

第 5 章
分析化学实验课程思政教学设计

- 案例 1 ▶ NaOH 溶液的标定和食用白醋总酸度测定
- 案例 2 ▶ HCl 溶液的标定和混合碱各组分含量测定
- 案例 3 ▶ EDTA 溶液的标定和自来水总硬度测定
- 案例 4 ▶ $SnCl_2$-$TiCl_3$-$K_2Cr_2O_7$ 法测定铁矿石中总铁含量
- 案例 5 ▶ 高碘酸钠分光光度法测定钢铁中微量锰

案例 1
NaOH 溶液的标定和食用白醋总酸度测定

1. 教学目标

知识目标

（1）掌握标定 NaOH 标准溶液的基本原理。
（2）掌握食用白醋总酸度测定的基本原理。
（3）掌握分析天平、吸量管的操作技术。

能力目标

（1）独立规范操作分析天平、移液管，进一步熟悉滴定管的使用。
（2）能够配制和标定 NaOH 标准溶液。
（3）能够用酸碱滴定法测定食用白醋的总酸度。

思政目标

（1）培养文化自信和民族自豪感。
（2）培养专业使命感和社会责任感。
（3）培养严谨、实事求是的科学态度。
（4）树立绿色环保意识。

2. 教学素材

（1）新闻报道：中国四大名醋之镇江香醋简介。
（2）短片：醋的应用。
（3）人物报道：醋品品鉴大师林田中的成长经历。

3. 课程思政的设计思路

见图 5-1，介绍宋代吴自牧《梦粱录》中"盖人家每日不可阙者，柴米油盐酱醋茶"、唐代颜真卿《七言滑语联句》中"芜荑酱醋吃煮葵"等诗词，说明从古至今醋都是调味、佐餐的妙品，在我国已形成悠久而灿烂的食醋文化，增强学生文化自信和民族自豪感。在激发学生对食醋的兴趣后，话锋一转，引出本实验主题：食醋品质的保障手段——食醋含量测定，培养学生专业使命感和社会责任感。接着，教师结合学生线上预习情况采用启发式教学讲解本次实验基本原理、基本操作和实验注意事项，引导学生用所学知识解决预习时存在的疑惑，完成知识内化。待教师讲解完实验基本原理和演示实验操作后，学生开始进行实验，教师对学生进行跟踪指导。实验结束后，学生必须经教师检查实验数据并签名后才能离开，培养学生严谨、实事求是的科学态度。课后，学生完成线上专题讨论和实验报告，巩固提升知识点。

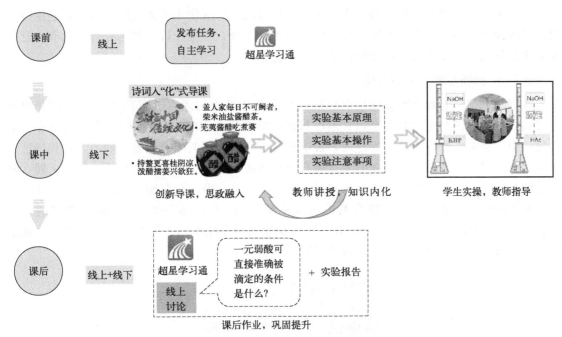

图 5-1　"NaOH 溶液的标定和食用白醋总酸度测定"教学设计

4. 教学过程

如图 5-2 所示，按照"七点一线"开展整个教学过程。

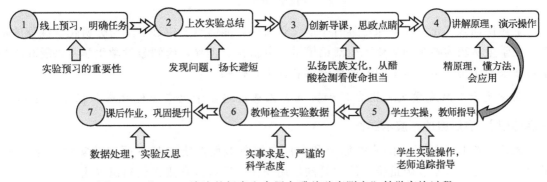

图 5-2　"NaOH 溶液的标定和食用白醋总酸度测定"教学实施过程

5. 具体教学设计

【活动一】 线上预习，明确实验目的和任务

教师在超星学习通上发布课前学习任务：①观看分析天平、吸量管使用操作视频；②完

第5章　分析化学实验课程思政教学设计

成实验二（NaOH 溶液的标定和食用白醋总酸度测定）的预习并完成预习小测。学生做好实验预习，明确本次实验的目的、任务和注意事项，避免因不明确实验原理或操作失误带来安全隐患和危险。

【活动二】 总结上次实验

教师点评上次实验学生在操作和数据处理方面的情况，让学生及时发现问题，及时纠正。由于上次实验是本学期的第一次实验，学生对滴定管的使用不太熟练，如滴定速度的控制、半滴操作、滴定终点的判断等仍需多加训练。另外，学生在进行数据处理时没有注意有效数字的问题，存在有效数字保留位数不对的现象。

【活动三】 创新导课，思政点睛

以"醋"这一具有丰富文化历史底蕴的日常调味品为切入点（见图 5-3），通过介绍宋代吴自牧《梦粱录》中"盖人家每日不可阙者，柴米油盐酱醋茶"、唐代颜真卿《七言滑语联句》中"芜荑酱醋吃煮葵"等诗词，说明从古至今醋都是调味、佐餐的妙品，在我国已形成悠久而灿烂的食醋文化，增强学生文化自信。在激发学生对食醋的兴趣后，话锋一转，从化学的角度而言，食醋的主要成分为醋酸，即乙酸，是一种一元弱酸。醋的酸味口感强度取决于其乙酸含量。依据我国酿造食醋的国家标准（GB/T 18187—2000），酿造食醋的总酸（以乙酸计）含量不小于 3.50g/100mL。那如何来测量食醋中的乙酸含量呢？在我国，测定食醋中乙酸含量的国家标准方法就是酸碱滴定法。

图 5-3　创新导课思路设计图

上述诗词入"化"式导课更具有中国文化特色，能够迅速拉近学生与分析化学课程的距离，使学生从较为熟悉的文化、生活语境进入分析化学世界，起到激发学生学习兴趣和增强学习效果的作用，培养学生的专业使命感和社会责任感。

思政元素：激发学生文化自信和民族自豪感；培养学生专业使命感和社会责任感。

【活动四】 讲解原理，演示操作

教师讲授 NaOH 标准溶液的标定和食用白醋总酸度测定的基本原理及实验注意事项，讲解并演示分析天平、吸量管、滴定管的使用操作，通过课堂测完成知识内化。

【活动五】 学生实验操作，老师追踪指导

在实验操作环节，教师要不停巡视，做到全方位覆盖，严格要求学生按照规范的实验步骤进行操作，认真细致地完成每一个实验环节。实验过程中准确并及时地记录实验现象和实验数据，如果实验数据平行性较差，要提醒学生思考并分析其中原因，引导教育学生：出现问题并不可怕，存在侥幸心理不去解决问题才是致命威胁，通过自己思考发现问题并解决问题正是科研创新的源泉。

在废液处理方面培养学生的环保意识，贯彻绿水青山就是金山银山的环保理念，不同种类的废液分类存放，对一些危险废弃物单独处理，绝不可将未经处理的液体倒入下水道，每个人一点一滴的环保理念将为国家的绿色发展贡献巨大的力量。

思政元素：培养学生严谨、实事求是的科学态度；培养学生绿色环保意识。

【活动六】 教师检查实验数据并签名

实验结束后，检查每一位学生的实验数据，要求学生无论数据好坏都要如实记录，并提醒他们在数据处理时可以做合理的取舍，但要在实验报告中给出理论依据和科学解释。

思政元素：培养学生严谨、实事求是的科学态度。

【活动七】 课后作业，巩固提升

在超星学习通布置专题讨论：一元弱酸可直接准确被滴定的条件是什么？并要求学生完成实验报告。

案例 2
HCl 溶液的标定和混合碱各组分含量测定

1. 教学目标

知识目标
（1）掌握标定 HCl 标准溶液的基本原理。
（2）掌握混合碱各组分测定的基本原理。
（3）掌握容量瓶、移液管的操作技术。

能力目标
（1）能够独立、规范地操作滴定管、分析天平、移液管、容量瓶。
（2）能够配制和标定 HCl 标准溶液。
（3）能够用双指示剂法测定混合碱各组分的含量。

思政目标
（1）培养爱国情怀与民族自信。
（2）培养专业使命感和社会责任感。
（3）培养严谨、实事求是的科学态度。

2. 教学素材

（1）案例：纯碱在日常生活中的应用。
（2）人物报道：侯德榜"挂车攻读"和"制碱救国"。

3. 课程思政的设计思路

见图 5-4，首先，教师以纯碱在日常生活中的应用为切入点，接着讲述侯德榜挂车攻读、弃革转碱、瓦解索氏制碱垄断，攻坚克难突破技术封锁的工业救国之路，向同学们揭示了侯氏制碱法背后以侯德榜为代表的老一辈科学家的拳拳爱国心，培养学生的爱国情怀和文化自信。在激发学生对纯碱的兴趣后，引出本实验主题——混合碱各组分含量测定，培养学生的专业使命感和社会责任感。随后，教师结合学生线上预习情况采用启发式教学讲解本次实验基本原理、基本操作和实验注意事项，引导学生用所学知识解决预习时存在的疑惑，完成知识内化。待老师讲解完实验基本原理和演示实验操作后，学生开始实验,教师进行跟踪指导。实验结束后,学生必须经教师检查实验数据并签名后才能离开,培养学生严谨、实事求是的科学态度。课后,学生完成线上专题讨论和实验报告,巩固所学知识点。

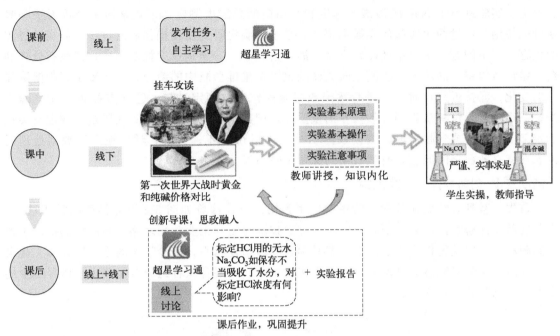

图 5-4 "HCl 溶液的标定和混合碱各组分含量测定"教学设计

4. 教学过程

如图 5-5 所示,按照"七点一线"开展整个教学过程。

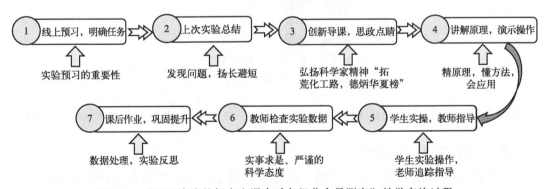

图 5-5 "HCl 溶液的标定和混合碱各组分含量测定"教学实施过程

5. 具体教学设计

【活动一】 线上预习,明确实验目的和任务

教师在超星学习通上发布课前学习任务:①观看分析天平、吸量管、容量瓶使用操作视频;②完成实验三(HCl 溶液的标定和混合碱各组分含量测定)的预习并完成预习小测。学生做好实验预习,明确本次实验的目的、任务和注意事项,避免因不明确实验原理或操作

失误带来安全隐患和危险。

【活动二】 总结上次实验

教师点评上次实验学生在操作和数据处理方面的情况，让学生及时发现问题，及时纠正。上次实验进行了 NaOH 溶液的标定和食用白醋总酸度测定，重点学习了分析天平和吸量管的使用，经过两次实验的实操训练后，学生对滴定管的使用操作有所进步，但实验过程中仍存在以下问题：①取用药品常有撒（洒）落现象；②滴定速度控制不当；③没有处理滴落到锥形瓶内壁上的溶液；④滴定时关注的重点不是锥形瓶中的溶液，而是滴定管中溶液体积的变化；⑤接近终点时，不进行逐滴或半滴操作导致滴定过量；⑥终点颜色不能准确判断；⑦很多学生没有认识到读数操作的重要性，读数很随意，最突出的问题是，滴定管夹在滴定架上，踮脚或弯腰读数，或读取体积时只读到 0.1mL。另外，学生在进行数据处理时没有注意有效数字的问题，有效数字的保留位数不对。

【活动三】 创新导课，思政点睛

首先，教师以纯碱在日常生活中的应用为切入点，接着如图 5-6 讲述侯德榜挂车攻读、弃革转碱、瓦解索氏制碱垄断，攻坚克难突破技术封锁的工业救国之路，向同学们揭示了侯氏制碱法背后以侯德榜为代表的老一辈科学家的拳拳爱国心，培养学生的爱国情怀和文化自信。在激发学生对纯碱的兴趣后，引出本实验主题——混合碱各组分含量测定，培养学生的专业使命感和社会责任感。

图 5-6　创新导课思路设计图

思政元素：激发学生文化自信和民族自豪感；培养学生的专业使命感和社会责任感。

【活动四】 讲解原理，演示操作

教师讲授 HCl 溶液的标定和混合碱各组分含量测定的基本原理及实验注意事项，讲解并演示分析天平、吸量管、滴定管的操作，通过课堂测完成知识内化。在讲解过程中，引导学生不仅要认真观察实验现象，还要透过现象思考背后的本质，几乎所有的实验现象都可以用相关的理论去解释。只有这样，才能用理论去指导实验，并在实验基础上更好地、更深入地掌握分析化学的基本理论，真正学好分析化学。例如，用无水 Na_2CO_3 标定 HCl 溶液时，如果滴定速度过快，且没有剧烈摇动锥形瓶的话，生成的 CO_2 不能及时逸出，很容易形成过饱和溶液，造成滴定终点提前。为了准确判断滴定终点，应在接近终点时剧烈摇动锥形瓶或将溶液加热至近沸，使 CO_2 及时逸出。

思政元素：透过现象看本质。

【活动五】 学生实验操作，老师追踪指导

在实验操作环节，教师要不停巡视，做到全方位覆盖，严格要求学生按照规范的实验步骤进行操作，认真细致地完成每一个实验环节。实验过程中准确并及时地记录实验现象和实验数据，如果实验数据平行性较差，要提醒学生思考并分析其中原因，引导教育学生：出现问题并不可怕，存在侥幸心理不去解决问题才是致命威胁，通过自己思考发现问题并解决问题正是科研创新的源泉。

在废液处理方面培养学生的环保意识，贯彻"绿水青山就是金山银山"的环保理念，不同种类的废液分类存放，对一些危险废弃物单独处理，绝不可将未经处理的液体倒入下水道，每个人一点一滴的环保理念将为国家的绿色发展贡献巨大的力量。

思政元素：培养学生严谨、实事求是的科学态度；培养学生绿色环保意识。

【活动六】 教师检查实验数据并签名

实验结束后，检查每一位学生的实验数据，要求学生无论数据好坏都要如实记录，并提醒学生在数据处理时可以做合理的取舍，但要在实验报告中给出理论依据和科学解释。

思政元素：培养学生严谨、实事求是的科学态度。

【活动七】 课后作业，巩固提升

在超星学习通布置专题讨论：标定 HCl 用的无水 Na_2CO_3 如保存不当吸收了水分，对标定 HCl 浓度有何影响？并要求学生完成实验报告。

案例 3
EDTA 溶液的标定和自来水总硬度测定

1. 教学目标

知识目标
（1）掌握标定 EDTA 标准溶液的基本原理。
（2）掌握自来水总硬度测定的基本原理。

能力目标
（1）能够熟练地掌握滴定管、分析天平、移液管、容量瓶等基本操作。
（2）会配制和标定 EDTA 标准溶液。
（3）会用配位滴定法测定自来水总硬度。

思政目标
（1）树立科学世界观，反对封建迷信。
（2）培养绿色环保可持续发展理念。
（3）强化职业使命感和社会责任感。
（4）弘扬科学无国界，科技属于全人类的科学精神。

2. 教学素材
（1）案例：大一新生到外地求学"水土不服"拉肚子。
（2）诗词："千里之堤溃于蚁穴""一屋不扫，何以扫天下""差若毫厘，谬以千里"。
（3）人物报道：诺贝尔化学奖获得者维尔纳（1913 年）、陶布（1983 年）的生平。

3. 课程思政的设计思路

见图 5-7，首先，教师通过"大一新生到外地求学，'水土不服'拉肚子"的案例导课，抛出问题：很多人一出远门就拉肚子的原因是什么？老人说这是水土不服，用家乡带去的泥土泡水喝下，就可以治好。难道，吃土真能治好水土不服？引入"树立科学世界观，反对封建迷信"的思政元素。为揭开"水土不服"之谜，教师给学生铺垫配位滴定法测定自来水总硬度的基本原理、基本操作和实验注意事项，然后回顾案例与学生一起探讨大一新生出外求学"水土不服"之谜，完成知识内化。引导学生利用所学知识为生活常见问题答疑解惑，坚信科学的力量，承担社会责任。待老师讲解完实验基本原理和演示实验操作后，学生开始实验，教师跟踪指导。实验结束后，学生必须经教师检查实验数据并签名后才能离开，培养学生严谨、实事求是的科学态度。课后，以"EDTA 配位滴定法和诺贝尔奖"的故事引出课后作业，让学生设计高钙牛奶中钙含量测定的方案，同时要求学生完成线上专题讨论和实验报告，巩固所学知识点，实现思政元素的升华。

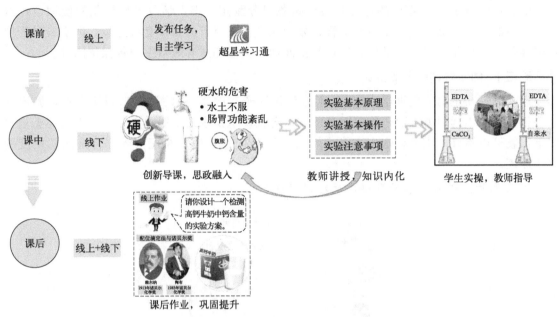

图 5-7 "EDTA 溶液的标定和自来水总硬度测定"教学设计

4. 教学过程

如图 5-8 所示，遵循"七点一线"开展教学。

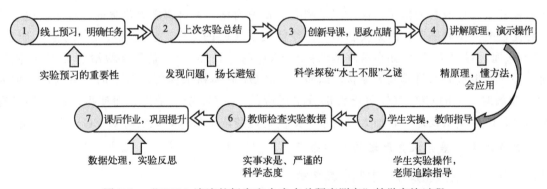

图 5-8 "EDTA 溶液的标定和自来水总硬度测定"教学实施过程

5. 具体教学设计

【活动一】 线上预习，明确实验目的和任务

教师在超星学习通上发布课前学习任务：①观看容量瓶使用操作视频；②完成实验四

（EDTA 溶液的标定和自来水总硬度测定）的预习并完成预习小测。学生做好实验预习，明确本次实验的目的、任务和注意事项，避免因不明确实验原理或操作失误带来安全隐患和危险。

【活动二】 总结上次实验

教师点评上次实验学生在操作和数据处理方面的情况，让学生及时发现问题，及时纠正。上次实验做了 HCl 溶液的标定和混合碱各组分测定，重点学习了容量瓶的使用，经过三次实验的实操训练后，学生对滴定管、分析天平、吸量管的操作有所进步，但实验过程中仍需强化基本操作。另外，学生在进行数据处理时仍需注意有效数字位数保留问题。

【活动三】 创新导课，思政点睛

以"大一新生出远门求学，'水土不服'拉肚子"的案例（图 5-9）为切入点，抛出问题：很多人一出远门就拉肚子的原因是什么？老人说这是水土不服，用家乡带去的泥土泡水喝下，就可以治好。难道，吃土真能治好水土不服？引出 EDTA 配位滴定自来水总硬度的基本原理。

思政元素：树立科学世界观，反对封建迷信。

图 5-9 创新导课思路设计图

【活动四】 讲解原理，演示操作

教师讲授 EDTA 溶液的标定和自来水总硬度测定的基本原理及实验注意事项，讲解并演示容量瓶、移液管的操作，通过课堂测完成知识内化。在讲解实验步骤的过程中，提醒学生要注重把控实验细节，因为实验细节往往能决定实验的成败。正如《礼记·经解》所言："差若毫厘，谬以千里。"如在溶解基准物 $CaCO_3$ 时，在加 1∶1 盐酸溶液溶解 $CaCO_3$ 固体前，必须加少量的水将其调为糊状，以防止 $CaCO_3$ 固体粉末损失。若不加少量的水，加入 1∶1 盐酸时产生的 CO_2 气体可能将部分未反应的 $CaCO_3$ 粉末带出，而使得基准物的量有所损失，产生实验误差；若加太多的水，则使得盐酸浓度过低，无法将 $CaCO_3$ 固体溶解。

思政元素：培养认真严谨的科学态度。

【活动五】 学生实验操作，老师追踪指导

在实验操作环节，教师要不停巡视，做到全方位覆盖，严格要求学生按照规范的实验步骤进行操作，认真细致地完成每一个实验环节，并要求学生保持实验室整洁。例如，实验台面、天平托盘不慎撒（洒）落试剂后一定要及时清理，以免毒性、辐射性试剂对自己或其他同学造成伤害；实验室地面一定要保持干燥清洁，防止滑倒。此时，引出"千里之堤溃于蚁穴""一屋不扫，何以扫天下"这些耳熟能详的经典名句，强调实验过程中"保持实验室整洁，实验安全无小事"的重要性。此外，还要求学生实验过程中准确并及时地记录实验现象和实验数据，如果实验数据平行性较差，要提醒学生思考并分析其中原因，引导教育学生：出现问题并不可怕，存在侥幸心理不去解决问题才是致命威胁，通过自己思考发现问题并解决问题正是科研创新的源泉。

在废液处理方面培养学生的环保意识，贯彻"绿水青山就是金山银山"的环保理念，不同种类的废液分类存放，对一些危险废弃物单独处理，绝不可将未经处理的液体倒入下水道，每个人一点一滴的环保理念将为国家的绿色发展贡献巨大的力量。

思政元素：树立实验安全意识，培养良好的实验习惯；培养学生严谨、实事求是的科学态度；培养学生绿色环保意识。

【活动六】 教师检查实验数据并签名

实验结束后，检查每一位学生的实验数据，要求学生无论数据好坏都要如实记录，并提醒学生在数据处理时可以做合理的取舍，但要在实验报告中给出理论依据和科学解释。

思政元素：培养学生严谨、实事求是的科学态度。

【活动七】 课后作业，巩固提升

以"EDTA配位滴定法和诺贝尔奖"的故事引出课后作业，让学生设计高钙牛奶中钙含量测定的方案，同时要求学生完成线上专题讨论和实验报告，巩固所学知识点，使学生认识到"科学无国界，科技属于全人类"，升华思政元素。

案例 4
$SnCl_2$-$TiCl_3$-$K_2Cr_2O_7$ 法测定铁矿石中总铁含量

1. 教学目标

知识目标

（1）了解用浓酸湿法分解铁矿石试样的方法。
（2）掌握 $SnCl_2$-$TiCl_3$-$K_2Cr_2O_7$ 法测定铁矿石中总铁含量的基本原理和操作方法。
（3）掌握二苯胺磺酸钠指示剂的作用原理。
（4）能够对实验数据进行处理和分析。

能力目标

（1）会采用湿法消解法分解矿石试样。
（2）会采用 $SnCl_2$-$TiCl_3$ 联合法还原 Fe^{3+}。
（3）会采用直接配制法配制标准溶液。
（4）会采用 $SnCl_2$-$TiCl_3$-$K_2Cr_2O_7$ 法分析生活中的实际案例。

思政目标

（1）树立节约资源的意识，合理利用矿产资源，促进矿业经济可持续发展。
（2）强化绿色环保可持续发展理念。
（3）培养严谨、实事求是的科学态度。

2. 教学素材

（1）调查报告：我国铁矿石资源的现状。
（2）国家标准：中华人民共和国国家标准 GB/T 6730.65—2009《铁矿石 全铁含量的测定 三氯化钛还原重铬酸钾滴定法（常规方法）》；中华人民共和国国家标准 GB/T 6730.5—1986《铁矿石化学分析方法 三氯化钛-重铬酸钾容量法测定全铁量》（已作废）。
（3）电影：美国热门电影《永不妥协》的片段。

3. 课程思政的设计思路

见图 5-10，通过介绍我国铁矿石资源的现状，让学生了解到我国铁矿资源的特点：我国铁矿资源虽总量丰富，但不富裕，以中低品位矿石为主，富矿储量仅占 1.8%，贫矿储量占 47.6%，平均品位（平均含铁量）仅为 33%，远远低于澳大利亚和巴西平均 60% 以上的水平，引入"合理利用矿产资源，促进矿业经济可持续发展"的思政元素。在激发学生对铁矿石的兴趣后，话锋一转，提出问题、导入新课——铁矿石中总铁含量的测定，培养学生的专业使命感和社会责任感。接着，教师结合学生线上预习情况采用启发式教学讲解本次实验基本原理、基本操作和实验注意事项，引导学生用所学知识解决预习时存在的疑惑，完成知识内化。待老师讲解完实验基本原理和演示实验操作后，学生开始实验，教师进行跟踪指导，并要求学生回收实验未用完的 $K_2Cr_2O_7$ 废液，引导学生关注重金属离子排放的国家及行业标准，让学生自觉树立绿色环保意识。实验结束后，学生收拾好台面，必须经教师检查实验数据并签名后才能离开，培养学生严谨、实事求是的科学态度。课后，学生完成线上专题讨论和实验报告，巩固所学知识点。

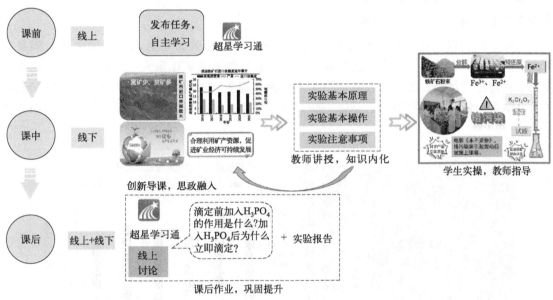

图 5-10　"$SnCl_2$-$TiCl_3$-$K_2Cr_2O_7$ 法测定铁矿石中总铁含量"教学设计

4. 教学过程

如图 5-11 所示，遵循"七点一线"开展教学。

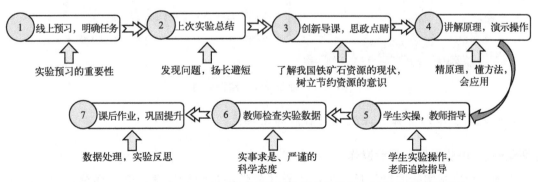

图 5-11　"$SnCl_2$-$TiCl_3$-$K_2Cr_2O_7$ 法测定铁矿石中总铁含量"教学实施过程

5. 具体教学设计

【活动一】 线上预习,明确实验目的和任务

教师在超星学习通上发布课前学习任务:①观看铁矿石的消解、预处理的视频;②完成实验六($SnCl_2$-$TiCl_3$-$K_2Cr_2O_7$法测定铁矿石中总铁含量)的预习并完成预习小测。学生做好实验预习,明确本次实验的目的、任务和注意事项,避免因不明确实验原理或操作失误带来安全隐患和危险。

【活动二】 总结上次实验

教师点评上次实验学生在操作和数据处理方面的情况,让学生及时发现问题,及时纠正,提高操作的规范性、数据处理的科学性。

【活动三】 创新导课,思政点睛

见图 5-12,以"我国铁矿石资源的现状"这篇调查报告为切入点,让学生认识到虽然我国铁矿石资源在世界上具有一定的优势,但是我国铁矿贫矿比重大,富矿比重小,让学生树立节约资源的意识,引入"合理利用矿产资源,促进矿业经济可持续发展"的思政元素。在激发学生对铁矿石的兴趣后,话锋一转,提出问题、导入新课——如何测定铁矿石中总铁含量?

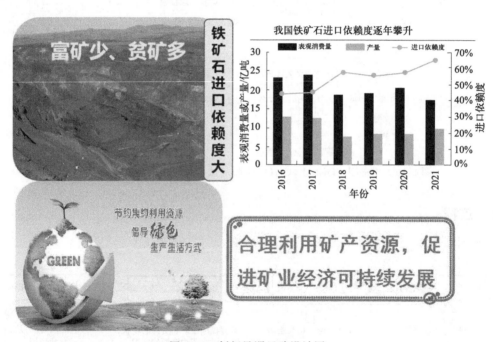

图 5-12 创新导课思路设计图

思政元素:节约资源,促进人与自然和谐共生。

【活动四】 讲解原理,演示操作

教师介绍完本实验的目的后,采用引导式教学法带领学生学习铁矿样分解的方法和意义,引导学生思考:为什么氧化还原滴定前要进行预处理?让学生充分理解氧化还原预处理

的作用。通过引用废止版（1986年版）和现行版（2009年版）的铁矿石铁含量测定国家标准方法，让学生讨论这两种方法在预处理上的不同：1986年版（有汞法）虽然方法简便、快速、准确，但因$HgCl_2$剧毒，污染环境，已被2009年版（无汞法）取代。此时引出无汞法（$SnCl_2$-$TiCl_3$-$K_2Cr_2O_7$法）测定铁矿石中总铁含量的基本原理、基本操作和实验注意事项。结合日本1956年水俣病事件，介绍汞污染的危害，让学生掌握无汞法测铁的环保意义，培养学生树立"绿水青山就是金山银山"的环保理念。在讲解无汞法测定铁矿石中总铁含量的实验步骤时，教师强调误差具有传递性，每一步操作误差都会影响到最终结果，教育学生在实验中要用联系的观点看待问题，规范每一步操作。最后通过课堂测完成知识内化。

思政元素：培养学生树立"绿水青山就是金山银山"的环保理念；培养学生用联系的观点看待问题的辩证唯物主义观。

【活动五】 学生实验操作，老师追踪指导

在实验操作环节，教师要不停巡视，做到全方位覆盖，严格要求学生按照规范的实验步骤进行操作，认真细致地完成每一个实验环节，并要求学生在实验过程中保持实验室整洁，强调实验过程中"保持实验室整洁，实验安全无小事"的重要性。此外，还要求学生实验过程中准确并及时地记录实验现象和实验数据，如果实验数据平行性较差，要提醒学生思考并分析其中原因，引导教育学生：出现问题并不可怕，存在侥幸心理不去解决问题才是致命威胁，通过自己思考发现问题并解决问题正是科研创新的源泉。

【活动六】 强调实验废液处理

引出美国热门电影《永不妥协》，该电影主要讲述1993年发生在美国加州保洁公司的铬污染案。该公司利用铬盐作为冷却水的缓蚀剂，后因含铬液体渗漏造成所在地六价铬污染，导致住在污染地附近的老百姓健康受到危害。该污染案不但引起民事纠纷，还成为美国该类案件中最大的民事赔偿案，其赔偿金额高达三亿三千三百万美元，此案巨额的赔偿金在美国引起轰动并被搬上银幕，拍成电影《永不妥协》。通过历史上的真实案例，贯彻"绿水青山就是金山银山"的环保理念。要求学生做到不同种类的废液分类存放，对一些危险废弃物单独处理，绝不可将未经处理的液体倒入下水道，每个人一点一滴的环保理念将为国家的绿色发展贡献巨大的力量。

思政元素：树立实验安全意识，培养良好的实验习惯；培养学生严谨、实事求是的科学态度；培养学生绿色环保意识。

【活动七】 教师检查实验数据并签名

实验结束后，检查每一位学生的实验数据，要求学生无论数据好坏都要如实记录，并提醒学生在数据处理时可以做合理的取舍，但要在实验报告中给出理论依据和科学解释。

思政元素：培养学生严谨、实事求是的科学态度。

【活动八】 课后作业，巩固提升

在超星学习通布置专题讨论：滴定前加入H_3PO_4的作用是什么？加入H_3PO_4后为什么立即滴定？并完成实验报告。

案例 5
高碘酸钠分光光度法测定钢铁中微量锰

1. 教学目标

知识目标

(1) 掌握高碘酸钠分光光度法测定钢铁中微量锰的基本原理和操作方法。
(2) 熟练掌握分光光度计的使用，进一步训练移液管、比色管的正确使用。
(3) 能够用计算机绘制标准曲线并处理实验数据。

能力目标

(1) 会选择显色反应的最佳条件，会配制系列标准溶液。
(2) 能独立操作分光光度计。
(3) 会制作吸收曲线和标准曲线。
(4) 能运用分光光度法分析生活中的实际案例。

思政目标

(1) 弘扬我国钢铁文化，激发学生文化自信和民族自豪感。
(2) 树立科学发展观。
(3) 塑造正确的世界观、人生观和价值观。

2. 教学素材

(1) 中国古代诗词：宋代包拯《书端州郡斋壁》中的诗句"秀干终成栋，精钢不作钩。"
(2) 国家标准：中华人民共和国国家标准 GB/T 223.64—2008《钢铁及合金 锰含量的测定 火焰原子吸收光谱法》；中华人民共和国国家标准 GB/T 20125—2006《低合金钢 多元素的测定 电感耦合等离子体原子发射光谱法》。
(3) 案例：食品中罗丹明 B 超标的食品安全事件。

3. 课程思政的设计思路

见图 5-13，采用诗词入"化"的方式进行导课。首先引出宋代包拯在《书端州郡斋壁》中"秀干终成栋，精钢不作钩"、宋代陆游在《道室秋夜》中"眼力新生犊，心源百链钢"等与"钢"相关的诗句，讲述我国悠久而灿烂的钢铁文化，增强学生文化自信和民族自豪感。在激发学生对钢铁的兴趣后，话锋一转，引出本实验主题，讲述微量锰对钢铁产品质量的影响和评价手段——钢铁中微量锰含量测定，培养学生专业使命感和社会责任感。接着，教师结合学生线上预习情况采用启发式教学讲解本次实验基本原理、基本操作和实验注意事项，引导学生用所学知识解决预习时存在的疑惑，完成知识内化。待老师讲解完实验基本原理和演示实验操作后，学生开始实验，教师进行跟踪指导。实验结束后，学生必须经教师检查实验数据并签名后才能离开，培养学生严谨、实事求是的科学态度。课后，以食品中罗丹明 B 超标的食品安全事件引出课后作业，让学生设计食品中罗丹明 B 检测的方案，同时要求学生完成线上专题讨论和实验报告，巩固所学知识点，实现思政元素的升华。

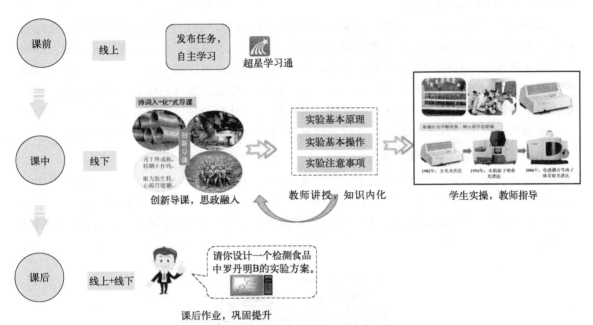

图 5-13 "高碘酸钠分光光度法测定钢铁中微量锰"教学设计

4. 教学过程

如图 5-14 所示，遵循"七点一线"开展教学。

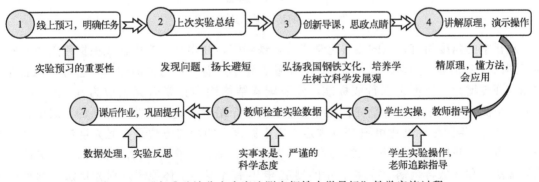

图 5-14 "高碘酸钠分光光度法测定钢铁中微量锰"教学实施过程

5. 具体教学设计

【活动一】 线上预习，明确实验目的和任务

教师在超星学习通上发布课前学习任务：①观看钢铁的消解、预处理的视频；②完成实验十（高碘酸钠分光光度法测定钢铁中微量锰）的预习并完成预习小测。学生做好实验预习，明确本次实验的目的、任务和注意事项，避免因不明确实验原理或操作失误带来安全隐患和危险。

【活动二】 总结上次实验

教师点评上次实验学生在操作和数据处理方面的情况，让学生及时发现问题，及时纠正。上次实验为邻二氮菲分光光度法测定微量铁，学生基本掌握了分光光度计的使用、系列标准溶液的配制、标准曲线的绘制，但在操作上不够熟练或出现错误操作：①配制系列标准溶液时，加入试剂的顺序不正确；②分光光度计操作不规范，部分同学润洗比色皿或往比色皿内装试液时手拿比色皿光滑面；③改变入射波长后，没有用参比溶液进行调零；④实验报告中所制作的标准曲线不规范，没有标注横纵坐标各代表什么物理量和对应的单位。

【活动三】 创新导课，思政点睛

在本实验导课部分介绍我国古代文学作品中与"钢"相关的内容，从而引出课程知识点，见图5-15。宋代包拯在《书端州郡斋壁》中提到"秀干终成栋，精钢不作钩"，其中的"钢"就是我们日常熟悉的金属材料。我国是世界上最早生产钢的国家之一，可以追溯到春秋晚期。

图 5-15 创新导课思路设计图

从化学的角度而言，钢的主要化学成分是铁和碳，在实际生产中往往根据用途的不同添加不同的合金元素，如锰、镍、钒等。其中锰在钢中起着不可低估的作用，它可使钢的强度增加，硬度增大。依据国家行业标准，优质碳素结构钢中正常含锰量应为 0.5%～0.8%。那如何来测量钢铁中的锰含量呢？此时，可以简单介绍钢中锰含量测定方法的发展历程（图5-16）：1982 年国际标准化组织 ISO 规定，钢中锰含量的测定方法是分光光度法，即本实验采用的方法。我国在 1994 年和 2006 年先后颁布了《钢铁及合金 锰含量的测定 火焰原子吸收光谱法》和《低合金钢 多元素含量的测定 电感耦合等离子体原子发射光谱法》两种标准分析方法，提高了合金中锰元素分析方法的灵敏度。通过上述历程，引导学生思考"发展是永恒的"这一辩证观点，同时，教育学生分析方法的选择也要遵循对立统一规律，在满足准确度、精密度和检出限的要求下，优选低成本的分析方法，如目前工业上测定钢中锰含量的常规分析方法仍然是分光光度法。

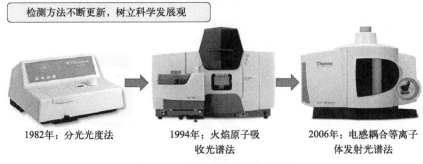

图 5-16　检测方法的发展历程

思政元素：弘扬我国钢铁文化，激发学生文化自信和民族自豪感；树立科学发展观。

【活动四】 讲解原理，演示操作

教师介绍完本实验的目的后，带领学生回顾铁矿石试样的分解方法和注意事项，接着引入钢铁试样的分解方法，并引导学生学习本实验的基本原理及注意事项。本实验操作步骤较多，教师提醒学生要注意误差具有传递性这一特征，只有每一步操作都规范，才能保证最后结果的准确度。教育学生要用联系的观点看待问题，思想认识要全面性，反对片面性。

思政元素：培养学生辩证唯物主义世界观。

【活动五】 学生实验操作，教师追踪指导

在实验操作环节，教师要不停巡视，做到全方位覆盖，严格要求学生按照规范的实验步骤进行操作，认真细致地完成每一个实验环节，并要求学生保持实验室整洁和准确、及时地记录实验现象和实验数据，如果实验数据平行性较差，要提醒学生思考并分析其中原因，引导教育学生：出现问题并不可怕，存在侥幸心理不去解决问题才是致命威胁，通过自己思考发现问题并解决问题正是科研创新的源泉。

思政元素：树立实验安全意识，培养良好的实验习惯；培养学生严谨、实事求是的科学态度；培养学生绿色环保意识。

【活动六】 教师检查实验数据并签名

实验结束后，检查每一位学生的实验数据，要求学生无论数据好坏都要如实记录，并提醒他们在数据处理时可以做合理的取舍，但要在实验报告中给出理论依据和科学解释。

思政元素：培养学生严谨、实事求是的科学态度。

【活动七】 课后作业，巩固提升

以食品中罗丹明 B 超标的食品安全事件引出课后作业，让学生设计食品中罗丹明 B 检测方案，同时要求学生完成线上专题讨论和实验报告，巩固所学知识点，升华思政元素。